arquitectura

y

urbanismo

CAPITAL MULTINACIONAL, ESTADOS NACIONALES Y COMUNIDADES LOCALES

por

MANUEL CASTELLS

siglo
veintiuno
editores

MÉXICO
ESPAÑA
ARGENTINA
COLOMBIA

XX]

siglo veintiuno editores, sa de cv
CERRO DEL AGUA 248, DELEGACIÓN COYOACÁN, 04310 MÉXICO, D.F.

siglo veintiuno de españa editores, sa
C/PLAZA 5, MADRID 33, ESPAÑA

siglo veintiuno argentina editores, sa

siglo veintiuno de colombia, ltda
AV. 3a. 17-73 PRIMER PISO, BOGOTÁ, D.E. COLOMBIA

edición al cuidado de carmen valcarce
portada de anhelo hernández

primera edición en español, 1981
segunda edición en español, 1987
© siglo xxi editores, s.a. de c.v.
ISBN 968-23-1049-10

ÍNDICE

NOTA PRELIMINAR

El presente estudio fue elaborado en el marco del programa de la Universidad de las Naciones Unidas sobre Alternativas de Desarrollo Sociocultural en un Mundo en Cambio. Contó con el apoyo material del Instituto de Desarrollo Urbano y Regional de la Universidad de California en Berkeley. Está basado en una serie de investigaciones de campo llevadas a cabo por el autor, por colaboradores, estudiantes, y colegas en distintos países. Las fuentes precisas para cada país aparecen citadas en el Apéndice metodológico. Es necesario citar sin embargo algunas de las personas que contribuyeron decisivamente con su esfuerzo a los resultados de investigación que este libro intenta sintetizar: Rosemond Cheetham, Jaime Rojas, Franz Vanderschueren, Christine Meunier, François Pingeot, y muchos otros miembros del Equipo de Estudios Poblacionales del CIDU, en Chile. Etienne Henry y Jacqueline Weisslitz en Perú; Magaly Sánchez en Caracas; Alicia Ziccardi en Argentina; Enrique Ortiz, Oscar Núñez, Martha Schteingart y Diana Villarreal en México. Mención especial merece nuestro amigo y colega Luis Unikel, que tantas cosas nos enseñó y cuya pérdida es un golpe devastador para la investigación urbana latinoamericana. En fin, este libro y lo que pueda ser su contribución al esclarecimiento de la problemática urbana en América Latina, ha sido posible, como tantas de nuestras investigaciones, porque pobladores, colonos y vecinos de Chile, de Perú, de Argentina, de Venezuela, de México, aportaron su experiencia, su tiempo, su conocimiento y su apoyo, para la realización de las encuestas, la interpretación de las observaciones y la discusión de los análisis. Es nuestro principal deseo el devolver, en forma elaborada, a la memoria y práctica colectivas de los pobladores latinoamericanos lo que de ellos obtuvimos.

Quiero expresar también mi agradecimiento a la señora Dorothy Heydt por su ayuda en la preparación de este manuscrito.

1. EL PROBLEMA DE LOS ASENTA-MIENTOS POPULARES URBANOS

Los temas urbanos son siempre de una importancia central para quienes tienen a su cargo la formulación de las políticas sociales, aunque por razones diferentes en distintos momentos históricos. Durante la década del sesenta, el proceso de crecimiento urbano acelerado que se produjo en el Tercer Mundo asombró a los expertos, preocupó a las élites políticas y tuvo a los planificadores atareados en el intento de contener la inundación. Más tarde, durante la década del setenta, el interés se desplazó hacia la forma particular que había asumido el modelo de crecimiento urbano: los asentamientos humanos ilegales que de hecho representan una proporción creciente de la población urbana del Tercer Mundo (véase el cuadro 1). En virtud de que esta población iba a incrementarse de un 25% de la población urbana del mundo en 1920, hasta un 51% en 1980,[1] el problema urbano del Tercer Mundo se convirtió, básicamente, en un "problema de asentamientos ilegales".[2]

[1] Véase Kingsley Davis, *World urbanization, 1950-1970*, Berkeley, University of California, 1969.
[2] Véase T. G. McGee, *The urbanization process in the Thirld World*. Londres, G. Bel and Sons, 1971; Michael

CUADRO 1

POBLACIÓN DE ASENTAMIENTOS URBANOS POPULARES
(datos seleccionados, 1970)

País	Ciudad	Año	Población de la Ciudad (Miles)	Asentamientos precarios Total (Miles)	Asentamientos precarios Porcentaje de población total de la ciudad
ÁFRICA					
Senegal	Dakar	1969	500	150	30
Tanzania	Dar es Salaam	1967	273	98	36
Zambia	Lusaka	1967	194	53	27
ASIA					
China (Taiwán)	Taipei	1966	1 300	325	25
India	Calcuta	1961	6 700	2 220	33
Indonesia	Djakarta	1961	2 906	725	25
Iraq	Bagdad	1965	1 745	500	29
Malasia	Kuala Lumpur	1961	400	100	25
Pakistán	Karachi	1964	2 280	752	33
República de Corea	Seúl	1970	400 (u.v.)*	137 (u.v.)*	30
Singapur	Singapur	1966	1 870	980	15

			Total de población urbana		
Turquía	Ankara	1965	10 800	2 365	22
		1965	979	460	47
		1970	1 250	750	60
	Izmir	1970	640	416	65
AMÉRICA DEL NORTE Y DEL SUR					
Brasil	Río de Janeiro	1947	2 050	400	20
		1957	2 940	650	22
		1961	3 326	900	27
	Brasilia	1962	148	60	41
Chile	Santiago	1964	2 184	546	25
Colombia	Cali	1964	813	243	30
	Buenaventura	1964	111	88	80
México	Ciudad de México	1952	2 372	330	14
		1966	3 287	1 500	46
Perú	Lima	1957	1 261	114	9
		1961	1 716	360	21
		1969	2 800	1 000	36
Venezuela	Caracas	1961	1 330	280	21
		1964	1 590	556	35
	Maracaibo	1966	559	280	30

* Unidades de vivienda.

FUENTE: Asamblea General, ONU, *Housing, Building and Planning; Problems and priorities in Human Settlements.* Informe del secretario general, agosto de 1970, anexo III, p. 55.

La preocupación por los asentamientos populares urbanos asumió básicamente tres formas:

a] El enfoque humanitario que busca soluciones para remediar los estándares miserables de vida. Así, en su clásico estudio sobre los asentamientos ilegales de Manila, Morris Juppenplatz[3] describió la dureza de la vida cotidiana de la mayor parte de las familias, vida en la que se incluía el hacinamiento, las condiciones insalubres y la ausencia de un nivel mínimo de servicios urbanos, con una densidad entre 200 y 400 personas por hectárea en un grupo que se supone representaba el 30% de la población del Gran Manila en 1973.

A pesar de que no es posible poner en duda los sinceros propósitos de reforma social que animan a la mayoría de los expertos en el tema, la miseria humana está tan extendida y se expresa en tan diversas dimensiones, que cuando una de sus manifestaciones ocupa el primer plano de las decisiones políticas, no podemos menos que pre-

Lipton, *Why poor people stay poor: urban bias in world development,* Cambridge, Massachussetts, Harvard University Press, 1977; Richard L. Meier, *Urban futures observed in the Asian world,* Berkeley, Institute of Urban and Regional Development, Universidad de California, 1978, mimeo.; Wayne A. Cornelius y Felicity Trueblood (comps.), *Urbanization and inequality,* Latin America Urban Research, volumen 5, Sage, Beverly Hills, 1975; Bernard Granotier, *La Planète des Bidonvilles,* París, S'euil, 1980.

[3] Morris Juppenplatz, *Cities in transformation: the urban squatter problem of the developing world,* University of Queensland Press, 1970.

guntarnos cuál es la relación de esa inquietud con causas más profundas y menos visibles.

Éste es el caso, particularmente cuando es menester matizar la evaluación de la miseria. Tal como señala Peter Marris en un trabajo innovador[4] en el que analiza los tugurios en el mundo, con especial referencia a su investigación en Lagos, Nigeria:

Un tugurio es tal, sólo ante los ojos de aquellos para quienes es una anomalía —una descripción de la forma y de las relaciones urbanas que para ese observador es adecuada a sus propios valores y percepciones... Había, sin duda, muchas cosas que estaban mal en las viviendas del Lagos central: tenían peligro de incendio; eran ruinosas, sin alcantarillado; las habitaciones eran a menudo oscuras, inclinadas y hacinadas; los senderos eran intransitables, excepto a pie y aun en ese caso había que abrirse camino entre charcos y basuras. *Sin embargo, en términos sociales y económicos, representaba una adaptación de los espacios urbanos que satisfacía las necesidades tanto de los residentes como de la ciudad.* (pp. 1-3, las cursivas son nuestras.)

Desde luego, existe el peligro de idealizar la miseria de los demás. Pero deberíamos recordar que, aun en condiciones tan deterioradas como las que describen Juppenplatz, Lipton o Peter Marris, la tasa urbana de mortalidad es considerablemente más baja que la rural, particularmente en lo que se refiere a mortalidad infantil. También, que el nivel de ingreso real de los urbanos recién llegados, incluyendo gastos para

---

[4] Peter Marris, *The meaning of slums and patterns of change,* Los Ángeles, Comparative Urbanization Series, University of California, 1978.

los servicios urbanos requeridos, tiende a ser
bastante mayor que el de los habitantes de áreas
rurales, al menos en la situación de África Occidental que observaron Gugler y Flanagan.[5]
Entonces, ¿por qué son "sucios" los asentamientos precarios?

b] La razón fundamental de la creciente preocupación por los asentamientos urbanos ilegales parece ser *el temor al impacto social y político* que pudiera tener esa población no controlada sobre los frágiles sistemas institucionales de
poder de los países en desarrollo.[6]

Los "paracaidistas", los inmigrantes, los recién
llegados eran considerados potencialmente des-
viados, apáticos, en una posición de marginación
social y poniendo en peligro los mecanismos de
integración social de la emergente sociedad urbana. Lamentablemente para la gloria declinan-
te de la Escuela de Chicago, una vez más la
investigación empírica ha mostrado que la mayoría de los habitantes de asentamientos ilegales
y ciudades perdidas tenían una estructura de
comportamiento muy semejante a la de las principales capas populares; que no tenían más cri-
minalidad que otros sectores; que sus organizaciones comunitarias eran cohesivas; que sus lazos
étnicos eran muy sólidos; que su capacidad para
actuar colectivamente estaba muy desarrollada;

[5] Josef Gugler y William G. Flanagan, *Urbanization and social change in West Africa,* Cambridge University Press, 1978. Véase especialmente el capítulo 3.
[6] Véase Alejandro Portes y John Walton, *Urban Latin America,* Austin, University of Texas Press, 1976.

y que su estrategia para tratar con las instituciones era bastante elaborada, según los hallazgos
de Colin Rosser en Calcuta,[7] David Collier y
William Mangin en Lima,[8] Janet Abu-Lughod
en El Cairo,[9] Manuel Castells y otros en Santiago
de Chile,[10] Anthony Leeds en Brasil,[11] etcétera.

Los pobladores y colonos son una fracción de
la población urbana que está obligada a vivir en
condiciones de extrema precariedad física como
consecuencia de un doble conjunto de contradicciones: el desarrollo desigual de la urbanización
y de la productividad económica, y la incapacidad tanto del capital privado como de las agencias gubernamentales para proporcionar los servicios urbanos requeridos por la expansión de
las necesidades colectivas de consumo, en condiciones tales que los hagan asequibles a los nuevos habitantes de la ciudad.[12] Las consecuencias
sociales de ese proceso son indeterminadas. De
hecho, dependerán de un conjunto complejo

[7] Tal como es citado por Brian J. L. Berry, *The human
consequences of urbanization*, Nueva York, St. Martin's Press,
1973, p. 89.

[8] William Mangin, "Latin America squatter settlements",
Latin American Research Review, 2, 1967; David Collier,
Squatters and oligarchs, Baltimore, Johns Hopkins University Press, 1976.

[9] J. L. Abu-Lughod, *Cairo*, Princeton University Press,
1971.

[10] Manuel Castells, "Movimiento de pobladores y lucha
de clases en Chile", *Revista Latinoamericana de Estudios
Urbanos y Regionales*, núm. 7, abril de 1973.

[11] Anthony Leeds, "Squatter settlements in Latin America", *América Latina*, 2, 1969.

[12] Véase Lucio Kowarick, *A espoliação urbana*, Paz e Terra, Río de Janeiro, 1980.

de circunstancias cuyo sentido variará según los contextos sociales y económicos específicos en los que se produce dicho proceso.

c] La hipótesis alternativa, que más preocupaba a los centros de poder en el mundo, era que de hecho los pobladores se estaban convirtiendo en una nueva fuerza revolucionaria: en lugar de descomponerse en su alienación, se convertían en un desafío político al orden establecido. Extrapolando la ideología de Franz Fanon, algunas observaciones apresuradas de la acción de los pobladores y colonos trataron de fomentar la idea de que el movimiento obrero tradicional estaba siendo sustituido en su papel histórico por los pobres urbanos, cuya situación desesperada les ponía en condiciones de no tener nada que perder, convirtiéndose así en fuerza disponible para la lucha armada revolucionaria. Algunos años más tarde los científicos sociales descubrieron a través de su investigación meticulosa lo que la experiencia histórica nos había enseñado hacía tiempo: que la revolución no nace de la miseria y que cualquier proceso de cambio social se desata en contradicciones estructurales históricamente definidas. Esfuerzos de investigación como los efectuados por Wayne Cornelius en la ciudad de México,[13] por Marc H. Ross en Nairobi,[14] o por parte de Anthony

[13] Wayne Cornelius, *Politics and the migrant poor in Mexico City*, Stanford University Press, 1971.
[14] Marc H. Ross, *The political integration of urban squatters*, Evanston, Illinois, North-Western University Press, 1973.

y Elizabeth Leeds[15] para explicar el comportamiento político en los asentamientos precarios
de Perú, Chile y Brasil muestran claramente que
la mayoría de los movimientos de colonos han
sido integrados en el sistema institucional, que
su postura política es frecuentemente conservadora y que su nivel de innovación cultural está
severamente limitado por la urgencia de las co-
tidianas actividades de supervivencia. Ese con-
servadurismo político es inclusive teorizado y
justificado por Leeds y Leeds sobre la base de
que los colonos no tienen más alternativa que
intercambiar su apoyo pasivo por la recepción
de servicios que les permiten mantenerse en el
medio ambiente hostil que es para ellos la gran
ciudad.

¿Tiene entonces razón Brian J. L. Berry cuando dice?:[16]

Los habitantes de asentamientos periféricos generalmente aceptan los regímenes que mantienen el *status quo*.
La principal percepción de los migrantes es de que han
mejorado sus condiciones de vida, así como las oportu-
nidades vitales que experimentan como un resultado de
la migración a las ciudades; asimismo una creencia fundamental en el potencial de mejoras futuras y una tolerancia muy baja de los riesgos políticos. En lugar de que
las masas participen en la violencia política, esta última

[15] Anthony y Elizabeth Leeds, "Accounting for behavioral
differences: the political systems and the responses of the
squatters in Brazil, Peru and Chile", en J. Walton y L. H.
Massotti (comps.), *The City in comparative perspective*,
Sage, Beverly Hills, 1976.
[16] Brian J. L. Berry, *The human consequences of urbanization*, Nueva York, St. Martin's Press, 1973, p. 82.

ha tendido a restringirse a las élites estudiantiles y militares.

En realidad, no creo que podamos ahora proponer una nueva regla general, simétricamente opuesta a la concepción teórica anterior. Lo que necesitamos es un marco explicativo que pueda analizar los diferentes efectos políticos de las contradicciones que surgen de la urbanización en el Tercer Mundo en específicas situaciones sociales y económicas. Esto significa que con objeto de establecer la relación entre pobladores y poder social, debemos comprender cuál es el contenido de ese poder y cómo los intereses específicos de los habitantes de estos asentamientos se relacionan con los intereses que subyacen a las pautas dominantes de urbanización y empleo. Finalmente, tendremos que analizar el proceso histórico de transformación del comportamiento de los habitantes de asentamientos ilegales, o sea, cómo pasan de las estrategias individuales a la acción colectiva.

Un enfoque de esta índole implica necesariamente responder a las preguntas que formulamos, a través de una cuidadosa investigación empírica. Sin embargo, el conocimiento no se produce nunca por la suma de algunas monografías con una afirmación general. Para que los estudios de casos sean significativos deben examinar en detalle algunas hipótesis generales extraídas de una orientación comprensiva que sea capaz de relacionar la dialéctica del desarrollo desigual, las perspectivas de cambio social y la organización de la vida cotidiana en las comunidades locales.

La argumentación y la investigación que se presentan en este trabajo ciertamente no resolverán el problema, pero intento progresar en esa dirección a través de preguntas más precisas y de su contraste con la experiencia acumulada en la investigación sobre los asentamientos ilegales en América Latina.[17]

---

[17] Para un compendio de algunas investigaciones sobre el tema, véase Manuel Castells (comp.), *Políticas urbanas en América Latina*, Edicol, México, 1982.

2. LAS COMUNIDADES DE POBLADORES EN UN MUNDO EN CAMBIO

El desplazamiento del centro de interés sobre los asentamientos ilegales refleja de hecho las cambiantes relaciones políticas que existen en la mayoría de los países en desarrollo entre el Estado y los sectores populares urbanos no organizados.[1] Esa relación está a su vez determinada por creciente integración de todas las economías en un sistema mundial, junto con la desintegración acelerada de las economías nacionales.[2] Más aún, esas cambiantes relaciones económicas y políticas no sólo modifican las condiciones de los asentamientos urbanos, sino que plantean a la investigación social preguntas específicas que influencian en gran medida las categorías sociales que los expertos emplean en el tratamiento del problema.

Presentemos una hipótesis sustantiva principal. El proceso de urbanización en el Tercer Mundo así como en general, está determinado por la interrelación de factores económicos, po-

[1] John Walton "Urban political movements and revolutionary change in the Third World", *Urban Affairs Quarterly*, vol. 15, núm. 1, septiembre de 1979.

[2] Paul Lubeck y John Walton, "Urban class conflict in Africa and Latin America: Comparative analyses from a world systems perspective", *International Journal of Urban and Regional Research*, vol. 3, núm. 1, marzo de 1979.

der político y valores culturales. Esa interrelación se produce, generalmente, en una red mundial que ha sido desde el principio la unidad operativa efectiva del sistema capitalista.[3] Sin embargo, las variaciones históricas dentro del sistema son tan importantes como el sistema mismo en la producción de efectos sociales a diferencia de lo que tenderían a hacer creer algunas afirmaciones dogmáticas de la teoría del centro y la periferia.[4] Por consiguiente lo que a nuestro entender es realmente crucial es la interacción entre las grandes tendencias que dan forma a la evolución del sistema como un todo y los procesos sociales, histórica y espacialmente situados, que actuarán sobre esas grandes tendencias al mismo tiempo que están condicionados por las mismas.

En un nivel muy general podríamos decir que son tres las principales tendencias históricas que en este momento dan forma al sistema mundial:[5]

a] La creciente internacionalización del capital en la forma de corporaciones multinacionales que establecen de hecho una nueva estructura en la división social del trabajo, creando un sistema de producción, distribución, administra-

[3] Immanuel Wallerstein, *Patterns and prospects of the capitalist world economy*, Tokio, Working Paper, United Nations University, 1981; Albert Bergesen (comp.), *Studies of the world-system*, Nueva York, Academic Press, 1980.
[4] Andre G. Frank, *Capitalism and underdevelopment in Latin America*, Monthly Review Press, Nueva York, 1967.
[5] Véase Manuel Castells, *The economic crisis and American society*, Princeton University Press, 1980.

ción y circulación sumamente fluido e interconectado en todo el mundo.

b] El creciente poder de desafío a los intereses económicos dominantes por parte de los movimientos obreros y ciudadanos en las sociedades capitalistas avanzadas, así como por parte de los gobiernos nacionales de los países en desarrollo, aun teniendo en cuenta la gama de variación de sus orientaciones políticas. Como consecuencia de dicho desafío, el sistema capitalista mundial ha entrado en un período de crisis estructural que durará tanto como los centros de decisión sean incapaces de reorganizar un nuevo modelo de acumulación adecuado a las actuales circunstancias. La inflación es sólo la expresión económica de los límites de la capacidad del sistema para soslayar esas contradicciones *sociales* básicas.[6]

c] El poder militar de la Unión Soviética y la posibilidad de una alianza entre las sociedades socialistas y el nacionalismo del Tercer Mundo, en una era de armas nucleares, dificulta que los gobiernos occidentales usen sistemáticamente la fuerza militar bruta para restablecer el equilibrio del sistema, tal como fue común durante las épocas coloniales o neocoloniales. Después de la lección de Vietnam, fueron posibles los procesos revolucionarios de Angola, Irán o Nicaragua. Sin embargo, la masacre de El Salvador demuestra que la lucha sigue.

[6] Véase Fred Hirsch y John Goldthorpe (comps.), *The political economy of inflation*, Harvard University Press, 1978.

De lo anterior se sigue una consecuencia fundamental: en el momento en que el sistema capitalista se ha sobreexpandido en el mundo y necesita incrementar esa tendencia con objeto de evitar costos laborales y presiones fiscales en los países centrales, el poder político del centro sobre la periferia es más endeble que nunca. Para que las corporaciones multinacionales produzcan aparatos de televisión en Corea con destino al mercado americano, es crucial que se preserven las condiciones *políticas* que hacen de Corea una localización industrial conveniente. Y sin embargo, dos fenómenos en el mundo entero están transformando profundamente la estructura de poder en las sociedades en desarrollo:

1] Se producen movimientos populares, generalmente dirigidos por una vanguardia de izquierda, en contra de dictaduras militares que se apoyan en una base social muy restringida.

2] Esa movilización política (que se produjo también en la década del sesenta y fue claramente derrotada en toda América Latina) *converge* en este momento con una segunda tendencia, nueva y, en mi opinión, más importante coyunturalmente: las sociedades nacionales, particularmente aquellas que están siendo sacudidas por los nuevos procesos de crecimiento industrial o de producción energética, se están haciendo más complejas, más diversificadas, más poderosas, y por consiguiente, están en mejores condiciones de establecer sus propias y peculiares relaciones con las corporaciones multinacionales. El fortalecimiento de los Estados nacionales en el Tercer Mundo se produce paralelamente a un debilitamiento de los gobiernos nacionales en el Occidente. Al mismo tiempo, la exigencia casi unánime del establecimiento de un nuevo orden económico internacional, respaldado por países tan diferentes como son Brasil y Cuba, muestra claramente las perspectivas de una nueva etapa en el desarrollo mundial: el futuro de las economías capitalistas dependerá del futuro de las corporaciones multinacionales, y en última instancia la efectiva capacidad operativa de esas corporaciones dependerá de su relación con los Estados nacionales de los países en desarrollo.

Lo que ha cambiado de manera dramática es que dichos Estados son la expresión de sociedades que se hallan en el medio de una creciente conmoción como consecuencia de un cambio económico rápido, disruptivo y exteriormente inducido, que muy frecuentemente contradice las reglas de un sistema político que necesita ser cada vez más pluralista con objeto de ceder una parte de poder a una sociedad mucho más diversificada. Por ejemplo, una vez que el desarrollo industrial comienza a gran escala, es casi una obligación el permitir algún tipo de libertad sindical y de derecho a la huelga. Más importante aún: los seculares valores culturales de una sociedad no pueden ser borrados en unos cuantos años, ni siquiera a través de medios tan poderosos como un aparato de televisión en color. Esto es algo que el Sha olvidó, pero Khomeini no... Como resultado de ello la predominancia de un conjunto dado de intereses económicos o políticos ya no puede apoyarse solamente en el uso exclusivo del poder militar, ya sea directamente o a través del ejército local. Tiene que tomar en consideración la complejidad de una sociedad sumamente plural e inestable, así como los valores fundamentales que proporcionan seguridad psicológica a la gente en un período en el que el volumen de nueva información recibida excede en cada individuo a la reserva de energía disponible para procesarla. Por lo tanto el campo de batalla se modifica, y se desplaza hacia las relaciones reales que se establecen entre el Estado y la "gente" (esto es, toda la estructura de las clases sociales) en un período de rápido cambio y de alianzas inciertas. Ahora bien, ¿dónde vive "la gente"? Cada vez más, en las ciudades. Y cada vez más, en las áreas de llegada a las grandes ciudades: las colonias y los tugurios. Más aún: la relación política crucial es la que ha de establecerse entre el nuevo Estado y esos sectores populares, por dos razones principales: 1] Son sectores "imprevisibles" potencialmente explosivos, a diferencia de los campesinos que aún están generalmente bajo el control de reglas sociales bien establecidas, y a diferencia también de los empleados públicos o de los obreros sindicalizados, cuya postura es

identificable y negociable. 2] Son sectores que
son de hecho perfectamente capaces de elabo-
rar sus propias reglas sociales y culturales, potencialmente traducibles en demandas políticas
o inclusive, alternativas políticas. El proceso de
su politización está abierto: puede suceder o
no, dependiendo de circunstancias que la investigación debe ser capaz de determinar. Pero
en todo caso, su misma apertura, la posibilidad
de su conversión en un apoyo de masas para
un esquema político alternativo lo hace a un
mismo tiempo peligroso y necesario para el sistema político existente, así como para cualquier intento de promover nuevas instituciones de poder.

Los Estados nacionales son los mediadores
entre las empresas multinacionales que domi-
nan el proceso de crecimiento económico desigual y las comunidades locales que tratan de
reconstruir por sí mismas un nuevo mundo urbano a partir de los escombros de su destruido
mundo rural y de la memoria de sus tradiciones queridas. Ésta es la razón por la cual, aun
en situaciones como la de África Occidental, en
donde la población rural es todavía una abrumadora mayoría, el destino de los *nuevos* Estados nacionales dependerá cada vez más de su
capacidad para relacionarse con los sectores recién urbanizados, a través de las fronteras de
las diferentes etnias y por encima de las líneas
de distinción de las clases sociales en proceso de
formación.

De esta manera, la dimensión política de los asentamientos ilegales es realmente crucial. Pero no depende de la capacidad cultural o del comportamiento político de los habitantes urbanos *per se*. El fenómeno que subyace tanto a la confusión como al interés por la investigación sobre urbanización en el Tercer Mundo se relaciona con ese desafío a establecer un nuevo Estado nacional que sea capaz de estar presente en el Board of Trade de Chicago al mismo tiempo que representa las diferentes tradiciones culturales de las diferentes comunidades étnicas locales de las que depende en última instancia. No se trata de cómo poder manipular al pueblo. Se trata de como llevar a cabo un proceso de construcción de instituciones políticas nacionales en un contexto económico mundial, al tiempo que la gente trata de establecerse en un territorio localmente definido en pos de una nueva significación social.

Es obviamente imposible tratar un tema tan fundamental en el mismo nivel de generalidad en el que lo formulé. Pero trataré de acercarme al problema de la manera más concreta posible centrándome en la relación entre asentamientos humanos y sistema político en cuatro países latinoamericanos, para los que nos podemos basar en investigación de campo: Argentina, Perú, Chile y México. Antes, y con objeto de aclarar el debate, trataré de resumir el estado de la teoría de la llamada "marginalidad urbana" y presentar, a modo de ejemplo, los

resultados de la investigación reciente sobre la
situación de los asentamientos precarios en Caracas, con objeto de compararlos con algunos
estudios sobre la ciudad de México, al igual
que con nuestra investigación en Santiago de
Chile. Tras analizar diferentes experiencias de
movilización social en los asentamientos ilegales, trataré de sugerir algunas de las consecuencias de este análisis para el futuro de las políticas urbanas en el Tercer Mundo.

3. LAS DIMENSIONES SOCIALES DE LA MARGINALIDAD

Las movilizaciones urbanas en las ciudades del Tercer Mundo se producen en un contexto sociopolítico concreto. Mi hipótesis es que su significación proviene, principalmente, del hecho de que representan cada vez más la forma de organización y acción colectiva del llamado "sector marginal". Por lo tanto, voy a tratar de especificar cuál es esa posición social y cómo se relaciona con la dinámica general de la sociedad.

No discutiré aquí una vez más los supuestos ideológicos de la "teoría de la marginalidad" ni la necesidad de reconocerla como *síntoma* de un nuevo tipo de estructura social en las sociedades dependientes. Asumiré, de aquí en adelante, los resultados teóricos establecidos sobre ambos temas particularmente porque ya han sido resumidos en dos obras importantes: la crítica de Janice Perlman al mito de la marginalidad[1] y el análisis de Alain Touraine sobre la especificidad de la estructura social de los países dependientes.[2] Con objeto de facili-

[1] Janice Perlman, *The myth of marginality*, Berkeley, University of California Press, 1976.
[2] Alain Touraine, *Les sociétés dependantes*, Duculot, Bruselas, 1976.

tar la comprensión del presente análisis, conviene recordar que la ideología de la marginalidad fusiona y confunde en una dimensión única las posiciones ocupadas por los individuos y los grupos en diferentes dimensiones de la estructura social: en la estructura ocupacional, en la estructura espacial, en el sistema de estratificación del consumo individual, en el proceso de consumo colectivo, en la distribución del ingreso, en la estructura cultural, en el sistema psicosocial de comportamiento individual, y en la estructura de poder. Asumiendo (sin ninguna evidencia) la covariación empírica de las posiciones inferiores en esas diferentes dimensiones, la "teoría" de la marginalidad propone una explicación de la sociedad en la cual la migración rural y la marginalidad ecológica aparecen como variables independientes no explicadas que afectan[los atributos culturales de los marginales urbanos, como serían la anomia psicológica, el comportamiento desviado y la apatía política.

En realidad, un análisis científico de los diferentes temas tratados por la teoría de la marginalidad debería comenzar por las diferenciaciones teóricas y empíricas entre todas las dimensiones de la estructura social. Sólo después de tal diferenciación sería posible observar empíricamente las formas existentes de articulación entre esas dimensiones, con objeto de explicar teóricamente el proceso social que les subyace.

Dado nuestro interés específico en la relación entre las comunidades de base local y la transformación de la estructura social, examinemos el nivel de coincidencia entre lo que se ha llamado la marginalidad urbana o ecológica y las posiciones de los "residentes marginales" en la estructura ocupacional, así como con su nivel cultural y origen geográfico.

Es obviamente imposible tratar el tema de una manera que tome en consideración toda la variedad de situaciones empíricas, pero proporcionaré algunos materiales sobre dos situaciones relativamente diferentes: Santiago de Chile en 1966 y Caracas en 1978.

En el caso de Santiago y como una parte de nuestro estudio sobre los asentamientos de pobladores,[3] mis colegas y yo resumimos la información estadística más confiable acerca de las características de una muestra representativa de residentes en vecindades, ciudades perdidas y zonas de vivienda autoconstruida con apoyo del Estado (en la terminología chilena, conventillos, callampas y poblaciones). Usamos los datos recogidos por DESAL,[4] y comparamos una

[3] Para las fuentes sobre Santiago, véase el Apéndice metodológico.

[4] DESAL fue la oficina de investigación social que, auspiciada por la Democracia Cristiana, fue decisiva como instrumento de transmisión de la ideología de la marginalidad en América Latina. Sin embargo si se examina cuidadosamente el enorme volumen de investigación empírica que ellos realizaron, se advierte que sus datos de hecho apoyan la hipótesis opuesta a la que ellos asumieron con respecto a los efectos culturales y sociales de la marginalidad.

CARACTERÍSTICAS SOCIOECONÓMICAS DE LOS RESIDENTES EN ÁREAS URBANAS DETERIORADAS, EN COMPARACIÓN CON EL VALOR PROMEDIO DE CADA CARACTERÍSTICA EN TODA LA POBLACIÓN METROPOLITANA. (SANTIAGO DE CHILE, 1966.)
(Diferencias en los porcentajes frente al valor de cada variable para toda la población metropolitana)

Características socioeconómicas	Tipo de Área Urbana Deteriorada		
	Poblaciones	Callampas	Conventillos
% de desempleados	+ 1.7	+ 0.1	— 1.2
% de desempleados ocasionales	+ 0.5	+ 1.2	+ 1.6
% población activa en el sector primario	— 0.7	+ 0.6	+ 0.1
% población activa en manufactura	+ 5.7	+10.1	+ 6.4
% población activa en construcción e industria	+ 5.3	+ 7.1	— 2.5
% población activa en comercio	— 4.0	+ 1.5	— 0.6
% población activa en servicios personales	— 3.0	— 8.6	— 8.2
% población activa en "otros servicios"	— 3.3	—12.0	+ 4.9
% población activa en actividades no especificadas	+ 0.1	+ 1.4	0

% población activa en el sector terciario	−10.3	−19.1	− 3.9
% población activa de empleadores	− 2.1	− 2.1	− 2.1
% población activa de asalariados	−14.1	−24.7	−13.0
% población activa de autoempleados	+ 5.1	+ 6.4	+ 6.3
% de trabajadores manuales	+13.4	+21.1	+10.1
% de trabajadores familiares	− 2.2	− 0.6	− 1.6
% de analfabetos	+ 2.5	− 1.2	− 0.1
% de familias que ganan menos del salario mínimo	+ 1.7	+ 1.7	+ 1.7
% de inmigrantes recientes		(promedio para los tres tipos)	
	− 8.5	− 4.3	− 4.2

FUENTE: DESAL, *Encuesta sobre la marginalidad urbana*, Santiago de Chile, abril de 1969, dos volúmenes, mimeo. Nuestro cálculo sobre la base de esos datos, se hizo según la siguiente fórmula:

$$\begin{bmatrix} \text{Valor de la variable (porcentajes) en el} \\ \text{tipo de vivienda urbana definido} \end{bmatrix} - \begin{bmatrix} \text{Valor de la misma variable (porcentajes) en} \\ \text{el área metropolitana de Santiago} \end{bmatrix}$$

Obviamente *a*) el valor 0 significa diferencia nula, *b*) puesto que los asentamientos marginales son parte del área metropolitana, las diferencias están subestimadas.

serie de variables clave para la población "marginal urbana" con la población de Santiago en su conjunto. Los resultados, tal como aparecen en el cuadro 2, son significativos: aunque el porcentaje de familias con un ingreso por encima del salario mínimo es en los asentamientos de pobladores 1.7 puntos más alto que en Santiago, el porcentaje de analfabetos varía al azar, al igual que el porcentaje de desempleados. La población empleada en la industria está sobrerrepresentada en los asentamientos precarios, mientras que la proporción de los que están en el poco claro "sector de servicios" están infrarrepresentada. Más sorprendente aún, el porcentaje de inmigrantes recientes es más bajo que en la ciudad como un 'todo. Al examinar los datos cuidadosamente y al relacionarlos con otros estudios empíricos, pudimos determinar que el grupo social dominante que vive en los asentamientos ilegales o en las zonas de autoconstrucción *no* eran los vendedores callejeros desempleados de la acostumbrada mitología tercermundista. Eran, principalmente, obreros manuales de la industria y de la construcción de empresas pequeñas o medianas. Al mismo tiempo, los asentamientos poblacionales parecían ser la residencia de una amplia gama de situaciones ocupacionales y sociales. Así pues, la heterogeneidad social, económica y cultural eran las tendencias dominantes.

Uno de los estudios estadísticos más recientes sobre los asentamientos "marginales" en América Latina llega a conclusiones muy similares respecto de la situación en Caracas en 1978. Basándose en una muestra estratificada de las áreas "segregadas" de Caracas, en donde viven 1 095 631 personas, Magaly Sánchez y Ricardo Infante mostraron que mientras la situación urbana empeoraba considerablemente para los residentes precarios, su situación laboral y económica mejoraba: la tasa de desempleo bajó de hecho a un escaso 9.1% en los sectores urbanos objeto del estudio. Los datos recogidos en un reconocimiento de las áreas residenciales de los "ranchos" muestran en realidad un alto porcentaje de trabajadores asalariados (56.3%) y un nivel bajo en los famosos "trabajadores independientes", típicos de la mayoría de las postales de América Latina (13.6%). La población es altamente diversificada y mezcla empleados estatales y privados, de ingresos relativamente altos y estabilidad en el empleo, con obreros industriales y de la construcción, sujetos a bajos ingresos y alta movilidad laboral.[5]

Lo verdaderamente significativo es la gama de diversidad de los "asentamientos marginales" y el hecho de que muchos de sus habitantes provienen de otros sectores de la ciudad y no de áreas rurales empobrecidas. La marginalidad urbana *no* se correlaciona con la margi-

[5] Para información sobre la encuesta de Caracas, véase el Apéndice metodológico.

CUADRO 3

DISTRIBUCIÓN DE RESIDENTES EN CATEGORÍAS OCUPACIONALES
EN CUATRO TIPOS DE ASENTAMIENTOS URBANOS
DETERIORADOS, CARACAS, 1978

*(Porcentaje calculado sobre el total de población
en cada zona)*

		ZONAS			
Ocupación	Total 4 zonas	I Barrios	II Barracas	III Casco	IV Banco obrero
Artesanos	0.6	1.1	....	....	....
Trabajadores	56.3	61.6	72.3	42.9	27.8
Industria	22.3	23.2	33.9	16.9	9.7
Servicios	25.7	27.3	33.0	23.4	12.5
Transporte	8.3	11.1	5.4	2.6	5.6
Autoempleados	13.6	12.6	19.6	16.9	7.0
Industria	1.2	1.8	0.9	....	....
Comercio	7.6	6.2	10.7	13.0	4.2
Servicios	4.8	4.6	8.0	3.9	2.8
Empleados civiles	27.0	22.3	1.8	39.0	65.2
Gobierno	10.8	6.2	....	20.8	33.3
Privados	16.2	16.1	1.8	18.2	31.9
Profesionistas	0.2	....	....	1.2	....
Empleadas domésticas	2.2	2.2	6.3	....	....
Actividades ilegales	0.1	0.2	....	....	....
TOTAL	100.0	100.0	100.0	100.0	100.0

FUENTE: Magaly Sánchez y Ricardo Infante. Encuesta de
Áreas Residenciales Segregadas de Caracas, 1978, tal como
se cita en el Apéndice metodológico.

nalidad ocupacional. En Caracas la gente vive en esos asentamientos de autoconstrucción porque son los únicos a los que puede acceder, aun en un período de crecimiento económico sostenido: en el período 1970-1977 el alza en el ingreso familiar, en términos nominales, fue de +196%, pero el costo de la vida aumentó en 300%. La situación de empleo *no* es la causa del deterioro urbano. Aunque las diferentes dimensiones de la marginalidad sí se relacionan unas con otras, tal relación es un proceso social que debe ser revelado por la investigación y explicado por una teoría adecuada.

Tal como dije antes, diversos estudios han mostrado la falta de apoyo empírico a la supuesta covariación entre la marginalidad residencial, ocupacional, cultural y política. Me gustaría aquí dar una idea más precisa del contenido social de las diferentes situaciones expresadas en la idea general de la marginalidad. Trataré de mostrar cómo su ligazón se realiza básicamente a través del proceso político. Por consiguiente, *el fenómeno de la marginalidad no es un determinante político sino un resultado político.* Desarrollemos nuestro análisis en esta perspectiva.*

El principal punto de referencia de la marginalidad alude a la estructura ocupacional de las sociedades dependientes.[6] Tal estructura es

* Agradezco a Alejandro Portes sus útiles comentarios al presente análisis.
[6] Véase Lucio Kowarick, *Capitalismo e marginalidade na America Latina,* Río de Janeiro, Paz e Terra, 1975.

una consecuencia del desarrollo capitalista desigual, de un proceso de desintegración de las formas productivas existentes que no se equilibra con la creación de nuevas fuentes de empleo. De hecho, la estructura ocupacional de una sociedad dependiente presenta una serie de características específicas que no podemos organizar en un solo concepto. Paradójicamente, podríamos decir que la única situación ocupacional que casi no existe en una sociedad dependiente es el desempleo. Porque, estrictamente hablando, el desempleo (esto es, la ausencia de una actividad laboral regularmente pagada) es un privilegio de los países de capitalismo avanzado, así como de una minoritaria aristocracia laboral de los países dependientes que es lo bastante fuerte como para lograr un seguro de desempleo. En Venezuela, en México, en Chile, en Perú, uno no puede vivir sin trabajar. Es menester hacer *algo* para ganar dinero para sobrevivir. Y, en efecto, todo el mundo hace algún trabajo, aunque sólo una minoría recibe una paga regular. ¿Qué son esas actividades? ¿Y de qué modo organizan el así llamado "sector informal"? Encontramos cuatro componentes principales de la *marginalidad urbana*, cada uno de ellos enteramente diferente de los demás:

a] *Trabajadores asalariados del sector "tradicional" de la economía,* esto es, el sector que está sólo laxamente ligado al funcionamiento de la acumulación de capital a escala mundial.

En este sector se incluyen numerosos "sub-con-tratistas". A partir de las características de este capital "tradicional" es posible deducir las características del trabajo que emplea:

- ☐ Explotación por encima del promedio social, obteniendo una tasa más alta de plusvalor absoluto a través de bajos salarios, jornada de trabajo más larga, peores condiciones de trabajo y falta de beneficios sociales.
- ☐ Inestabilidad en el empleo e incertidumbre en los contratos laborales.

Aquí nos encontramos, pues, con el proletariado obrero del sector "tradicional" de la economía, estructurado en torno a los intereses del "capital competitivo" (opuesto al capital monopólico), en términos más bien semejantes a los procesos que encontramos en el sector atrasado de las economías capitalistas avanzadas.

b] Pequeños comerciantes y artesanos, ocupados en actividades de intercambio y de producciones que expresan los valores culturales y las necesidades económicas de una sociedad dada. Por ejemplo, en la ciudad de México, en las vecindades de Tepito, nos encontramos con un gran número de familias que viven de una artesanía muy singular: la transformación de sucios perros callejeros en magníficos animales "de pura raza" que serán vendidos en las elegantes tiendas de animales de la ciudad. De igual manera, nos podríamos referir a toda la variedad de vendedores ambulantes con diversa mercancía (desde medallas religiosas hasta goma de mascar), cuya principal característica es la venta en cantidades muy pequeñas (vender un mango en una mañana parece ser un nivel aceptable). Esas actividades comerciales y artesanales corresponden, de hecho, a la estructura de consumo de grandes sectores de las sociedades dependientes. En este sentido, no son elementos "marginales", sino básicos en una estructura comercial adecuada al consumo popular.

c] *Vendedores de su fuerza de trabajo a otras personas,* para servicio personal y consumo de los compradores, en lugar de usar esta fuerza de trabajo para la obtención de plusvalor. Aquí podríamos incluir todos los servicios domésticos al igual que una irrestricta variedad de servicios personales (lustradores de calzado, porteros, guías, recaderos, etc....). Llamamos a todas estas posiciones ocupacionales "subproletariado": "proletariado" porque hay un proceso de venta de fuerza de trabajo; "sub", porque esa venta no se incluye en el proceso de producción o circulación del valor excedente.

d] *Vendedores de sus cuerpos,* lo que podríamos llamar vendedores de su piel, esto es, proporcionar un servicio por medio del uso directo de su identidad biológica por parte del comprador. Prostitutas, mendigos, guardaespaldas, delincuentes, "halcones" intercambian su sobrevivencia por la posibilidad de su eventual destrucción (total o parcial) o negocian su deterioro usándolo como un argumento cultural (en el caso de los mendigos). Esta situación (que es la que los clásicos del marxismo llamaron *lumpenproletariat*) aparentemente contradice las normas sociales institucionalizadas. De hecho, los diferentes tipos de actividades allí expresadas son absolutamente necesarias para la existencia de tales normas e instituciones, al mantener la frontera entre la sociedad y los bajos fondos, entre el comportamiento normal y el anormal, entre el orden establecido y el caos urbano como los únicos términos posibles de un dilema social.

Tales son las principales situaciones ocupacionales a las que se refiere el fenómeno de la marginalidad. Y, en realidad, representan una proporción sustancial de la población urbana de América Latina. Pero no son el único componente de la "marginalidad urbana". Porque, de hecho, la dimensión urbano-ecológica de la marginalidad remite a la incapacidad de la mayoría de la población para acceder al mercado privado (y aun al sector público) de la vivienda y de los servicios urbanos. En México, se incluye en esta categoría un 65% de la población nacional (47% en la ciudad de México). Desde luego, entre ellos encontramos la totalidad de las familias incluidas en los cuatro tipos de marginalidad ocupacional que hemos distinguido. *Pero también se encuentra en la misma situación una gran proporción de trabajadores del sector monopólico, al igual que empleados y funcionarios del sector público.* De modo que la situación de marginalidad urbana es más amplia que la ocupacional y ambas se superponen sólo parcialmente. Por lo tanto, debemos ahora considerar el perfil de la llamada marginalidad urbana.

4. LAS CAUSAS ESTRUCTURALES DE LA MARGINALIDAD URBANA

La marginalidad *urbana* puede definirse como la incapacidad de la economía de mercado o de las políticas estatales para proporcionar vivienda y servicios urbanos adecuados a una proporción creciente de habitantes de la ciudad, incluyendo la mayoría de los trabajadores asalariados empleados regularmente, así como a prácticamente todos los que obtienen sus ingresos en el llamado sector "informal" de la economía.[1]

Si consideramos la situación en *Caracas*, de acuerdo con la encuesta dirigida por Magaly Sánchez y Ricardo Infante, el cuadro 4 muestra claramente que las familias que viven en las llamadas áreas marginales, se mudaron hacia allí ya sea por escasez de vivienda (39.78%) o porque fueron desplazadas por algún programa urbano, como pueden ser la renovación urbana o la construcción de vías rápidas (42%). Sólo una minoría (18.16%) consideraron su crítica situación de vivienda como una consecuencia de su bajo nivel de ingresos o de su carencia de

[1] Véase John Friedmann y Flora Sullivan, "The absortion of labor in the urban economy: the case of developing countries", *Economic Development and Cultural Change*, vol. 22, núm. 3, abril de 1974.

CUADRO 4

ZONAS RESIDENCIALES SEGREGADAS DE CARACAS, 1978
RESIDENTES DE MÁS DE 10 AÑOS. RAZONES PARA MUDARSE DE SU ANTERIOR RESIDENCIA

Razones para mudarse al asentamiento	Tipo de Asentamiento Residencial					
	Barrios	Barracas	Banco obrero	Casco	Urbanizaciones	Total
Bajo ingreso y desempleo	1 231 (15.66%)	....	53 (27.04%)	428 (35.76%)	134 (14.87%)	1 846 (18.16%)
Problemas de vivienda	3 135 (39.89%)	14 (100.0%)	52 (26.53%)	398 (33.25%)	446 (49.50%)	4 045 (39.78%)
Relocalización y otros	3 493 (44.45%)	....	91 (46.43%)	371 (30.49%)	321 (35.63%)	4 276 (42.06%)
TOTAL	7 859 (100.0%)	14 (100.0%)	196 (100.0%)	1 197 (100.0%)	901 (100.0%)	10 167 (100.0%)

FUENTE: Proyecto Reproducción de la Estructura Urbana: *La condición de la clase trabajadora en zonas segregadas de Caracas*, Encuesta de Profundidad, Fuerza de Trabajo, Caracas, 1978. Citado en el Apéndice metodológico como Encuesta de Magaly Sánchez y Ricardo Infante.

empleo fijo. Y sin embargo, la mayoría de esas familias vivían en el Casco, esto es, en las vecindades del núcleo urbano. Por lo tanto, la vivienda deteriorada y los asentamientos de autoconstrucción son el producto de la crisis del sistema urbano y *no* de la ausencia de una industrialización que conduzca a un desempleo generalizado.

Hay una gran diversidad de situaciones de vivienda dentro de los así llamados "asentamientos marginales". En la encuesta de Caracas se estableció la siguiente tipología:

i. Barrios de ranchos, vivienda autoconstruida en tierra urbana inútil.

ii. Barracas. Vivienda pública, construida por el Estado, de baja calidad y utilizada fundamentalmente para reubicar inquilinos desplazados por programas urbanos.

iii. Vecindades concentradas en el Casco (núcleo urbano) usando todo tipo de estructuras físicas, desde instalaciones industriales abandonadas hasta viejas viviendas deterioradas.

iv. Vivienda pública, producida por la institución de vivienda pública, el Banco Obrero, que está orientada principalmente a los estratos de clase media baja, a pesar de sus características inferiores a las normales. La aceptación de viviendas de tan mala calidad por parte de familias relativamente acomodadas es una clara indicación de la profundidad de la crisis habitacional y de su impacto en una amplia gama de grupos sociales.

Lo interesante de la encuesta de Caracas es
que extiende la imagen de la marginalidad urbana más allá de la arbitraria definición de
asentamientos precarios o ilegales. El estudio
muestra que sólo un 36% de la "vivienda marginal" en Caracas es autoconstruida, 30% ha
sido construida por el Estado y el resto en alguna forma de contrato de construcción privada. Y sin embargo, la carencia de servicios urbanos, las condiciones insalubres, la falta de transporte público (cuando en Caracas más del 50%
de las familias *no* poseen coche) son muy semejantes. El criterio del estatuto legal de la te-
nencia de la vivienda no parece ser crucial,
puesto que los asentamientos ilegales son de hecho tolerados por las instituciones públicas y,
frecuentemente, regularizados por medio de algún procedimiento administrativo. Más aún, en
el caso de un intento público o privado de de-
salojar residentes a causa de una modificación
en el uso del suelo, la operación se lleva a cabo
sin tomar en cuenta la situación legal, bajo alguna legislación especial referente a la priori-
dad del dominio público.

Podemos, por consiguiente, extraer dos conclusiones básicas del estudio de Caracas:

a] La marginalidad urbana no coincide con
la marginalidad económica. Es más bien la consecuencia de la crisis del sistema urbano, incapaz de responder a las necesidades de una mayoría de la población.

b] Aunque la situación de los así llamados

asentamientos marginales es muy semejante en términos del nivel crítico de deterioro de la vivienda y de los servicios urbanos, es altamente diferenciada en lo que se refiere al tipo de edificios, la localización en la estructura espacial y la condición legal de cada asentamiento. Considerar el mundo urbano de todos esos diferentes asentamientos como una unidad es una afirmación empíricamente falsa. En realidad, la unidad que subyace a una amplia gama de situaciones de deterioro urbano es una construcción social cuya lógica se relaciona, principalmente, con las políticas del Estado, tal como veremos en una etapa ulterior del análisis.

La situación de Caracas no es única en modo alguno. Tiene un notable paralelismo con los resultados de los estudios sobre la crisis de vivienda en la ciudad de México, a partir de datos provenientes de tres diferentes equipos de investigación (El Colegio de México, COPEVI y EQUISUR) que llevaron a término más o menos en la misma época, 1976, la más completa evaluación de las políticas urbanas en México.[2]

Al igual que en Caracas, la crisis urbana en México tiene dos aspectos principales: a] la escasez de unidades habitacionales para la mayoría de la población metropolitana, y b] la carencia de servicios urbanos básicos (agua, drenaje, etc.) para una alta proporción del patri-

---

[2] Véase Manuel Castells, "Apuntes para un análisis de clase de la política urbana del Estado mexicano", *Revista Mexicana de Sociología*, núm. 4, 1977.

monio de vivienda existente. (Véase el cuadro núm. 5.)

De acuerdo con el estudio de El Colegio de México, el déficit de viviendas en las ciudades de México en el año de 1970 llegaba a 1.6 millones; 40.2% de esa cifra eran familias sin ninguna vivienda; 32.7% eran familias en viviendas en malas condiciones y 27.1% eran familias que vivían en condiciones de hacinamiento. Las predicciones del equipo para la década 1970-1980 demuestran claramente un necesario empeoramiento de la situación en las presentes circunstancias: para lidiar con el crecimiento de la población y reducir el déficit, se tendrían que haber construido entre 1970 y 1980 12.3 millones de viviendas, en tanto que la cantidad de viviendas existentes en México en 1970 era de 8.3 millones. . .[3]

Las causas de tal situación son también las mismas que en la mayoría de las sociedades del Tercer Mundo: el mercado privado requiere precios o rentas que sólo pueden ser afrontadas por el 9.5% de la población de la ciudad de México; la vivienda subsidiada por el Estado de todos modos exige un nivel de ingresos o una estabilidad en el empleo que puede ser satisfecha sólo por el 43.5% de la población. Por lo tanto, 46.5% de los habitantes metropolitanos no tienen ninguna oportunidad de lograr vi-

---

[3] Véase el estudio de El Colegio de México, tal como se cita en el Apéndice metodológico.

CUADRO 5

CARACTERÍSTICAS DE LA VIVIENDA EN EL ÁREA
METROPOLITANA DE LA CIUDAD DE MÉXICO, D. F.
1960 y 1970

(Porcentaje del total de viviendas en el área)

	% con menos de 3 cuartos	% sin piso	% sin paredes sólidas	% sin agua	% sin drenaje	Número total
1960						
Viviendas	65.9%	no data	28.1%	45.6%	45.1%	902 083
Habitantes	62.1%	no data	25.4%	49.4%	45.7%	4 870 876
1970						
Viviendas	54.3%	5.8%	11.7%	36.0%	21.5%	1 219 419
Habitantes	51.3%	6.4%	12.1%	37.3%	22.5%	6 874 165

FUENTE: Secretaría de Industria y Comercio, Censo General de Población, 1960 y 1970.

vienda alguna. Más aún, los programas de vivienda pública son muy limitados y la mayor parte de las familias elegibles para los mismos, están excluidas de un acceso real a una vivienda asequible.

Como resultado de esta situación, la abrumadora mayoría de la vivienda en México se produce y distribuye a través de canales que escapan tanto a la lógica capitalista "normal" como a las agencias públicas. Lo que se llama el "sector de vivienda popular" se basa en la ligazón de tres elementos: a] un considerable volumen de trabajo que proporcionan los mismos ocupantes de las viviendas (autoconstrucción, acondicionamiento del suelo, manutención y reparaciones); b] la tolerancia del Estado hacia el estatus ilegal de la mayoría de los asentamientos; c] inversión de capital privado especulativo que opera más allá de los límites legales a través de una variedad de intermediarios. Ese capital no es marginal, aunque es invertido por medio de alguna inmobiliaria "fantasma". En realidad está sumamente conectado con las más poderosas redes financieras en bienes raíces. Por ejemplo, el señor Rivera Torres, uno de los más grandes fraccionadores privados, hizo su fortuna sobre la base de especulaciones en asentamientos ilegales en el área de Ecatepec, en los alrededores del norte de la ciudad de México. El cuadro 6 muestra la importancia regular del sector "popular" (autoconstruido) de la vivienda *en todo el país*.

CUADRO 6

PRODUCCIÓN DE VIVIENDA EN DIFERENTES SECTORES
MÉXICO, 1950-1974
(Miles de viviendas nuevas)

	1950-1960		1961-1970		1970-1974	
	Unidades	%	Unidades	%	Unidades	%
TOTAL	1 150	100.0	1 877	100.0	1 204.3	100.0
Sector Público	62	5.4	175	9 3	223.7	18 0
Sector Privado	331	28.8	503	26.8	205.7	16.5
Sector Popular	757	65.8	1 199	63.9	810.9	65.5

FUENTE: 1950-70: Hugh Evans, *Towards a policy for housing low income families in Mexico*, Departamento de Arquitectura, Universidad de Cambridge.
1970-74: *Cálculos* de G. Garza y M. Schteingart, El Colegio de México.

Dentro del "sector popular" es posible encontrar, al igual que en Caracas, una gran variedad de formas de vivienda. Un cuidadoso estudio del equipo de COPEVI ha establecido una tipología a partir de una evaluación cuantitativa confiable de los residentes que viven en cada uno de esos tipos en la ciudad de México. Hay tres tipos principales de asentamientos "marginales":[4]

a] Las colonias proletarias, compuestas por viviendas autoconstruidas, por lo general asen-

[4] Véase el estudio de El Colegio de México, citado en el Apéndice metodológico.

tadas ilegalmente. En el año de 1975 el 60% de
la población del área metropolitana de la ciudad de México estaba en esas condiciones. Las
invasiones de tierras por lo general no son un
movimiento espontáneo. Están organizadas por
"paracaidistas" profesionales, ligados a las autoridades locales y también a los fraccionadores
privados ilegales. Los invasores son autorizados
a instalarse ilegalmente bajo la protección de
los organizadores si pagan regularmente una
cantidad de dinero, según el precio de mercado
de los asentamientos ilegales. Por consiguiente,
lo que el colono está pagando es la capacidad
del fraccionador ilegal para lograr que las autoridades públicas toleren el asentamiento.
Como resultado de una situación tan inestable,
con frecuencia los colonos son expulsados de
sus casas, con objeto de volver a empezar el jue-
go con nuevos invasores. Los fraccionadores ilegales tienen su propia red de jefes locales para
controlar la situación en los asentamientos, así
como su propia "milicia privada" para garanti-
zar cualquier decisión que ellos tomen. La mayoría de los asentamientos se producen en terrenos públicos o ejidales. Según la Constitu-
ción mexicana esa tierra no puede ser vendida
o transferida, lo cual significa que las invasiones no son solamente un medio para dar vivienda a la gente aprovechándose de su crítica
necesidad, sino que también son una vía para
introducir en el mercado ilegal privado una
enorme cantidad de tierra que no podría ser

urbanizada de otra manera, o tendría que ser
usada bajo estrictos controles públicos después
de un proceso abierto de redistribución plani-
ficada del uso del suelo.[5]

b] Un segundo tipo de vivienda popular lo
constituyen las vecindades: unidades de vivienda multifamiliar en renta, de propiedad privada y generalmente localizada en la porción
más vieja de la ciudad de México. Muchas de
ellas están sometidas a un control de rentas, lo
cual desalienta cualquier reparación por parte
de los propietarios. Éstas son, tal vez, las viviendas más deterioradas de la ciudad, particularmente a causa del peligro de derrumbes en el
período de lluvias. Dos millones de personas
vivían en vecindades en el año de 1975.

c] Finalmente, las ciudades populares, asentamientos ilegales organizados por los mismos
colonos en el medio de la ciudad, a diferencia
de las colonias proletarias *periféricas*. La principal diferencia entre este tipo y el primero es
que estos últimos asentamientos son relativamente autónomos y tratan de relacionarse con
los servicios urbanos existentes. Éstos son realmente los únicos asentamientos no controlados
y ésa es la razón por la cual han sido sistemáticamente demolidos; incluían en 1975 menos
de 100 000 personas en la ciudad de México.

La condición más dramática de todos los tipos de "vivienda popular" es la falta casi com-

---

[5] Jorge Montaño, *Los pobres de la ciudad en los asentamientos espontáneos*, México, Siglo XXI, 1976.

pleta de facilidades urbanas colectivas. En Ciudad Netzahualcoyotl, área periférica, la mayor parte de sus 2 millones de habitantes carecen de agua o drenaje.* En el asentamiento ilegal de Ecatepec en donde viven 400 000 personas, la estación de las lluvias significa una situación casi continua de inundación, en tanto que en la época de sequía el polvo y el viento provocan una alta tasa de infecciones respiratorias y pulmonares. La causa de ello es que Ecatepec ha sido construido sobre una porción desecada del antiguo lago Vaso de Texcoco, en donde no existen condiciones habitables excepto la invisible protección que proporcionan los "fraccionadores ilegales" basados en la tolerancia de las autoridades.

Así pues, una y otra vez, encontramos en las raíces de la situación de "marginalidad urbana" una actitud de tolerancia por parte del Estado y un uso de tal actitud por grupos económicos o fuerzas políticas que se aprovechan del callejón sin salida de la "marginalidad" de los habitantes urbanos.

Ésta es la razón por la cual quisiéramos invertir el razonamiento y preguntar cuáles son los procesos sociopolíticos que conducen a la aparición y a la gestión de la crisis urbana, en lugar de considerar dicha crisis casi como una catástrofe natural que tiene consecuencias políticas.

* En 1976.

Sin embargo, y a pesar de toda la evidencia empírica que se ha acumulado en su contra, la teoría de la marginalidad persiste, basada en una supuesta fusión de la marginalidad ocupacional y la ecológica y en su efecto conjunto en la producción de un determinado tipo cultural, la "personalidad marginal". La causa de la persistencia social de tal "teoría", aun después de haber sido desmantelada por diez años de investigaciones y críticas, es que en realidad es altamente funcional para la nueva estrategia política del Estado en muchas sociedades dependientes. Con el fin de adaptarse a las nuevas condiciones económicas internacionales, el Estado intenta organizar y movilizar sectores populares en torno a sus políticas de desarrollo y por encima de las líneas de las clases sociales. La fusión de las dos dimensiones de la "marginalidad" permite al Estado tratar a los obreros, a los oficinistas y a los sectores populares como "marginales" y englobar en esta categoría única a todos los "marginales urbanos", esto es, a la mayoría de la gente que no puede solucionar los problemas de vivienda y servicios, problemas que han sido creados por el desarrollo desigual y la concentración metropolitana. De modo que el mundo de la marginalidad es en realidad una construcción social del Estado, en un proceso de integración social y movilización política a cambio de bienes y servicios que sólo él puede proporcionar. Así, la relación entre el Estado y el pueblo se organiza a lo

largo de las líneas de la distribución institucional de los servicios urbanos a la par con los
mecanismos institucionales de control político.

Ahora bien, este proceso, como todos los proyectos políticos, es formado, transformado y en
ocasiones revertido por la dinámica de los conflictos sociales. La política de la marginalidad
está sujeta a condiciones políticas y a variaciones históricas. Por tanto su evolución dependerá de la forma y de la orientación de los movimientos sociales urbanos suscitados por las
necesidades urbanas y por las políticas del Estado.

5. LOS POBLADORES Y EL ESTADO: LA DIALÉCTICA ENTRE INTEGRACIÓN POLÍTICA Y CAMBIO SOCIAL

Las condiciones de la urbanización en las sociedades capitalistas dependientes obligan a una proporción creciente de población metropolitana a vivir en asentamientos ilegales o en áreas de vivienda deteriorada. Tal situación no es independiente de la dinámica fundamental de las sociedades del Tercer Mundo. Está ligada al funcionamiento especulativo de algunos sectores del capital, así como también a las peculiares pautas de consumo popular de la llamada economía informal. Sobre la base de su específica situación en la estructura urbana, los pobladores tienden a organizarse en el nivel de la comunidad. Su organización no implica, por sí misma, ningún tipo de compromiso con un proceso de cambio social. Por el contrario y como he señalado, la mayor parte de la investigación existente subraya la presencia de una relación paternalista por parte de los poderes económico y político dominantes. Sin embargo, el hecho de una organización local relativamente fuerte es en sí mismo un rasgo distintivo que diferencia claramente los asentamientos ilegales de cualquier otro tipo de residentes urbanos, organizados predominantemente en el centro de trabajo o en los partidos políticos, cuando están organizados.

Más aún, la actitud del Estado hacia los asentamientos ilegales predetermina la mayor parte de los niveles, características y orientaciones de este fenómeno. De esta manera, la conexión entre los residentes de estos asentamientos y el proceso político es sumamente estrecha. Y precisamente lo es de una manera tal que el proceso de urbanización y su impacto sobre la organización comunitaria se convierte en un aspecto crucial de la evolución política en el Tercer Mundo. Exploremos ahora las variaciones del proceso a través de una variedad de experiencias con respecto a la relación entre los asentamientos ilegales y el Estado en cuatro países importantes de América Latina: Argentina, Perú, Chile y México.

5.1 Aprendiendo a sobrevivir: "Villas Miseria" en Buenos Aires[1]

Difícilmente Argentina pueda considerarse una situación típica en cuanto a la existencia de asentamientos ilegales, principalmente a causa de la proporción relativamente poco importante de población metropolitana que vive en esas condiciones. Y sin embargo el número de asentamientos precarios en Buenos Aires ha estado

[1] Para fuentes sobre Buenos Aires, véase el Apéndice metodológico.

aumentando regularmente entre 1955 y 1975 hasta alcanzar un tamaño significativo: 33 920 personas en 1956, 102 143 en 1962 y 179 000 en 1975, *solamente en la ciudad de Buenos Aires*, lo cual produce una cifra mucho más alta para *el área metropolitana de Buenos Aires:* en 1967 el Ministerio de Bienestar Social estimaba en toda el área una cantidad de 526 043 personas, con un crecimiento promedio anual de 15%. Y, más importante desde nuestra perspectiva, los villeros de Buenos Aires corresponden con el tipo ideal de habitante de asentamiento marginal: el proceso de invasión de tierras fue totalmente individual y desorganizado y permaneció enteramente ilegal hasta que el Estado estableció algunas políticas de relocalización. De modo que en un principio las *villas miseria* o *villas de emergencia* fueron claramente asentamientos ilegales distintivos, localizados generalmente en tierra urbana o en zonas de depósito de basura, cuyos habitantes incluían muchos trabajadores extranjeros inmigrantes al igual que obreros manuales no calificados y de empleo inestable o pequeños comerciantes y empleados en servicios temporarios.

El cuadro 7 muestra una pauta similar a la que se ha observado en otros países. Los "marginales" sí trabajan y tienen una relación precisa con la economía regular. Los trabajadores asalariados componen el 66.6% de los residentes en las principales villas miseria aquí estudiadas, y un 18.4% son empleados.

En las villas del área de Retiro, las actividades de servicio son más importantes como fuente de ingresos para los residentes, pero de todas maneras, tal como lo muestra el cuadro 8, los trabajadores manuales asalariados y los empleados son la mayoría.

CUADRO 7

OCUPACIÓN DE LOS RESIDENTES EN EL ASENTAMIENTO ILEGAL EN EL ÁREA "PARQUE ALMIRANTE BROWN". BUENOS AIRES, 1965
(*Porcentaje de población total en el área de asentamiento ilegal*)

Trabajadores manuales	66.4%
Construcción	42.7%
Industria	23.7%
Empleados	18.4%
Gobierno	15.3%
Privados	3.1%
Por cuenta propia	8.9%
Desempleados	4.0%
Sin información	2.3%
TOTAL	100.0%

FUENTE: Albert Wilson, *Análisis socio-económico de los residentes de las villas en el Parque Almirante Brown,* Municipalidad de la Ciudad de Buenos Aires, 1965.

CUADRO 8

OCUPACIÓN DE LOS RESIDENTES EN EL ASENTAMIENTO
ILEGAL DE VILLAS DE RETIRO

*(Porcentaje de la población total del área de
asentamientos ilegales de Retiro)*

Obreros industriales	9 6%
Construcción	41 0%
Empleados	2 3%
Actividades de compra-venta	14 2%
Servicios, incluyendo	15 6%
transportes	1 3%
mantenimiento y servicios personales	6 3%
empleadas domésticas	8 1%
Otros servicios varios	8 5%
No identificados y otros	8 5%
TOTAL	100 0%

FUENTE: Municipalidad de la Ciudad de Buenos Aires.

En ambos casos la característica ocupacional más importante es que esos trabajadores sufren en una alta proporción, una gran inestabilidad en el empleo: 35% de los residentes en la zona de Retiro y 26% en la Villa Almirante Brown tienen empleos transitorios. En este estudio se señala la incertidumbre de una fuente de ingresos regulares como una razón fundamental en el asentamiento ilegal y en la autoconstrucción de sus propias casas, como un medio para independizarse del pago de renta. Así, en Buenos Aires, a diferencia de la mayoría de situa-

ciones en América Latina en donde los asentamientos precarios son el producto de una industria de la vivienda paralela y especulativa,
las comunidades crecieron por sí mismas, tratando de mejorar sus condiciones en una etapa
ulterior a través del apoyo gubernamental.

Las principales demandas de los villeros atra-
vesaron tres etapas sucesivas: a] evitar el desalojo; b] lograr algunos servicios públicos básicos como el agua, electricidad, drenaje, salubri-
dad, dirigidos principalmente a la mejora de
sus terribles condiciones sanitarias; c] obtener
mejor vivienda del gobierno a precios posibles
de afrontar. A través del proceso de formulación de demandas y de negociación con el gobierno, los villeros mantuvieron como un tema
fundamental el reconocimiento de sus organizaciones autónomas por parte de las autoridades
públicas, tanto en el nivel local como el nacional.

De hecho, el proceso de organización comunitaria fue bastante lento y relativamente des-
parejo entre los tres diferentes niveles de su
organización social:

En el nivel más bajo, el primer tipo de organización fueron los clubes deportivos, principalmente, clubes de futbol, en virtud de que
una de las primeras decisiones colectivamente
tomadas fue impedir en el futuro cualquier uso
individual de los terrenos que se dedicarían al
futbol o a los deportes en general. Esos clubes
deportivos fueron la estructura básica que hizo

posible un nivel más importante de interacción y permitió el desarrollo de una red socialmente organizada.

En un segundo nivel, existieron dos tipos principales de organizaciones de canalización de demandas:

☐ Los centros de madres, o las organizaciones de amas de casa, en las que las mujeres se organizaban para atender colectivamente muchos de los problemas que habían estado tratando individualmente: escuelas, servicios de salud, regulaciones administrativas, etc. Aunque la ideología de la maternidad sirvió como una convocatoria básica para la organización sobre bases no políticas, los centros de madres fueron, de hecho, la estructura que unió a las mujeres en su papel de agentes organizadores de los servicios urbanos para la vida cotidiana de la familia.

☐ Los comités locales, elegidos en cada asentamiento para representar colectivamente los sentimientos y demandas de toda la comunidad. Fueron muy activos en la oposición a los proyectos de relocalización y en la proposición de soluciones alternativas para sus problemas habitacionales.

La Federación de Villas, fundada en 1953 y reconocida oficialmente en 1963, fue el aparato político que trató de coordinar las actividades de los diferentes asentamientos y de defender un programa y una actitud comunes hacia el gobierno. Su destino estuvo fundamentalmente influenciado por la postura política de sus principales líderes: durante la década del sesenta fueron principalmente comunistas, que luego compartieron el liderazgo con los curas del Tercer Mundo, hasta la escisión final del movimiento en 1972 cuando los peronistas revolucionarios se convirtieron en la fuerza política predominante entre los villeros. La Federación desempeñó básicamente el papel de negociadora. Cuando el movimiento incrementó su fuerza y su nivel de conciencia, el aparato superestructural de la Federación fue sustituido a comienzos de la década del setenta por los delegados de cada asentamiento y por asambleas periódicas en las cuales las Juntas de Delegados de un área residencial en particular se reunían y tomaban decisiones colectivas sobre temas específicos sin comprometerse en una estructura organizativa formalizada y permanente.

El destino de los asentamientos precarios de Buenos Aires parece haber evolucionado según la pauta de relaciones establecidas con el Estado. Hay que recalcar el hecho de que nos estamos ocupando de un proceso de *interacción*, y que, por lo tanto, el resultado final dependerá de las orientaciones políticas del Estado, de las demandas y movilizaciones de los villeros y de la influencia recíproca entre los dos factores precedentes. El estudio de Alicia Ziccardi, que hemos usado aquí como fuente principal para el análisis se centra en la evolución de las condiciones de los villeros en tres períodos muy distintivos del estado argentino: 1963 a 1966, 1966 a 1970 y 1970 a 1973. La comparación entre las políticas públicas y las respuestas de los villeros en cada uno de esos diferentes contextos políticos proporciona algunas pistas clave para la comprensión del papel del Estado con relación a la pobreza urbana.

En 1963, con la elección de Arturo Illia, líder del Partido Radical, tomó posesión un nuevo gobierno democrático. El gobierno estaba buscando expandir su base social de legitimación política, particularmente para competir con el proscrito partido peronista, cuya influencia en el movimiento obrero era aún crucial. En ese tiempo los villeros tenían un nivel muy bajo de participación local en sus comunidades y la mayor parte de sus demandas eran manejadas por sus representantes en la Federación de Villas que fue capaz de establecer alianzas con varios partidos políticos (los demócratas cristianos, los socialistas, los comunistas), así como con algunos sectores de los sindicatos. Dada la predisposición del gobierno de Illia hacia la oferta de alguna asistencia pública en respuesta al apoyo popular, se iniciaron una serie de programas de vivienda social, en beneficio de los residentes de asentamientos precarios, a pesar de alguna oposición del intendente de Buenos Aires (oficialmente designado) cuyas perspectivas tecnocráticas sobre desarrollo urbano se contradecían con las necesidades políticas del gobierno. En esas circunstancias, las villas de emergencia se expandieron cuantitativamente como un medio para que los villeros estuvieran en condiciones de ser escogidos para los nuevos programas de vivienda. La Federación de Villas fue plenamente reconocida como un actor social y se convirtió en un actor político influyente. Sin embargo, gran parte de la importancia acordada al movimiento fue puramente simbólica y no correspondía a una fuerte imbricación en actividades populares. De esta manera, cuando la dictadura militar del general Onganía tomó el poder en 1966, la mayor parte de las demandas sufrieron un retroceso y la Federación fue reprimida o ignorada.

En el duro período de represión política entre 1966 y 1970, las políticas urbanas del Estado se subordinaron a los principales objetivos políticos fijados por el gobierno: lograr una alta tasa de crecimiento económico como una base sólida para la seguridad nacional. El eje de la nueva política económica fue la estrecha relación del capital argentino con las corporaciones multinacionales a través de empresas de dirección estatal.[2] Un proyecto tan ambicioso se derrumbó merced al fracaso de Onganía en el intento de reprimir la resistencia de los sindicatos a la disciplina y la sobreexplotación, precondición fundamental para lograr la industrialización capitalista periférica. Las luchas obreras y las insurrecciones de 1969 provocaron una

[2] Véase Oscar Braun (comp.), *El capitalismo argentino en crisis,* Buenos Aires, Siglo XXI, 1971.

importante crisis en el régimen militar, así como un movimiento popular radicalizado que condujo en su momento. tanto al regreso del general Perón como al desarrollo suicida de la acción guerrillera.

Durante el período de Onganía, las villas miseria no fueron necesarias como fuentes de apoyo político, y fueron consideradas obstáculos para el desarrollo económico y para una ordenada administración urbana. Así, usando como pretexto la inundación de 1967, se lanzó un programa destinado a remover los asentamientos y a dispersar sus habitantes en las áreas deterioradas en la periferia metropolitana, con algunas relocalizaciones limitadas a unos pocos proyectos de vivienda pública de mala calidad. Las organizaciones de los villeros no fueron reconocidas y se intentó mantenerlos bajo el control de equipos de trabajadores sociales que fueron prontamente enviados para supervisar el proceso de relocalización.

Aunque algunas villas fueron en efecto relocalizadas por medio de ese programa, la mayoría de las mismas quedó en donde estaba y aparecieron algunos nuevos asentamientos espontáneos. Gran parte del fracaso del programa de relocalización se debió a la incapacidad administrativa de la burocracia estatal. Los nuevos proyectos de vivienda pública nunca se construyeron, y el proceso de desplazamiento fue tan lento que el régimen cayó antes que el programa empezara realmente a funcionar.

La persistencia de los asentamientos precarios durante un período tan duro provenía de una sorprendente fuerza de las organizaciones locales, principalmente en la forma de clubes de deporte y centros de mujeres. Esto es, aunque las organizaciones parapolíticas fueron desmanteladas por la represión del Estado o por el rechazo de sus demandas, como fue el caso con la Federación o los Comités Locales, las organizaciones locales "naturales" se mantuvieron allí y conservaron su influencia como representantes políticos directos de los colonos, capaces de movilizarlos en caso de una amenaza mayor, como por ejemplo, el desalojo de todo el asentamiento. Fueron apoyados por la Iglesia, particularmente por los "curas del Tercer Mundo" quienes con frecuencia se convirtieron en los nuevos líderes del movimiento usando la relativa protección que les proporcionaba su condición de religiosos.

El período de la represión fue una dura prueba para la solidez de las organizaciones comunitarias en los diferentes asentamientos. Allí en donde eran organizaciones con base exclusivamente en el aparato, desaparecieron. La misma Federación se vio paralizada por las luchas internas hasta que finalmente los montoneros se hicieron cargo de ella en 1972. En contraste con lo anterior, en las zonas en donde realmente existían organizaciones populares, resultaron revitalizadas por la necesidad de la autodefensa, y se unieron en Juntas de Delegados, organizadas sobre la base de la vecindad territorial. Esa fuerza proporcionó la base para el resurgimiento del movimiento sobre fundamentos más políticos una vez que la situación cambió en el nivel del Estado.

En el período de 1970 a 1973, y dada la nueva orientación de los militares hacia el restablecimiento de la confianza política con objeto de crear las condiciones para nuevas elecciones democráticas, la represión a los villeros se detuvo y se produjeron algunas mejoras en los servicios urbanos y en la vivienda, sin relocalización. Durante esos tres años se construyó más vivienda pública que en la década precedente, y se satisficieron las más urgentes necesidades de equipamiento urbano. Las nuevas organizaciones de villeros, estructuradas sobre la base de los delegados residenciales existentes, fueron reconocidas por las autoridades locales como representantes de los asentamientos. Sin embargo, no fueron cooptadas y de hecho participaron plenamente en la campaña peronista que demandaba el derrocamiento del gobierno militar y el regreso de Perón. El Frente Villero, formado en 1973 para remplazar a la vieja y luchadora Federación, fue en realidad una fuerza política abierta. En las nuevas condiciones políticas, las villas obtuvieron mejoras sustanciales en sus condiciones materiales. Pero el Primer Congreso del Frente Villero se mostró nuevamente como una muy pobre experiencia de los militantes populares. Los villeros otorgaron mandato a algunos líderes políticos para obtener sus demandas específicas sin participar plenamente en el proceso de movilización política.

El estudio directo se detiene en 1973. Después de esa fecha el movimiento villero no se distingue de la tormenta política que casi destruyó al movimiento popular argentino entre 1973 y 1978. Los movimientos sociales se subordinaron enteramente al proceso político y la política llegó a reducirse a la lucha sin cuartel entre los brazos armados de los aparatos políticos.

Del análisis de la experiencia de los movimientos villeros en Buenos Aires se desprenden algunas tendencias sociales significativas:

1] Cualesquiera que sean las circunstancias que dan origen a los asentamientos precarios, el Estado sigue siendo el principal elemento para dar cuenta de las características del proceso social que se produce en esas comunidades. En primer lugar, porque el asentamiento ilegal necesita algún nivel de tolerancia por parte de las instituciones jurídicas. En segundo lugar, porque el Estado es el receptor inmediato de las demandas de vivienda y servicios urbanos de los villeros. En tercer lugar porque el Estado maneja esas demandas de acuerdo con sus propias y específicas expectativas políticas ante la potencial influencia popular que representan los villeros.

2] El destino de los asentamientos precarios

está íntimamente relacionado con el proceso político. La mayor parte de sus demandas son satisfechas sólo en función de la victoria política de sus líderes. En ese sentido, los villeros son empujados necesariamente hacia la participación política en general, puesto que necesitan ampliar su campo de acción con objeto de dar verdaderamente forma a las políticas urbanas que están manejando. Pero, al mismo tiempo, una vez que el movimiento ha sido completamente encapsulado en el reino de la política específicamente partidaria, pierde el control de su destino y se vuelve un elemento no autónomo de una lucha política global que en ocasiones no refleja necesariamente los valores ni posiciones de los villeros.

3] A través de su camino contradictorio de asentamientos, demandas, organización comunitaria y participación política, los villeros de Buenos Aires cambiaron profundamente la estructura de los servicios urbanos. Aparecieron nuevos asentamientos en lugares relativamente centrales, se asignaron nuevos servicios a las vecindades populares, se produjeron algunas transformaciones culturales —principalmente en lo referente al papel de las mujeres en la comunidad—, surgió un proceso de identidad propia en las comunidades ilegales, y el proceso de movilización política se amplió como para incluir situaciones sociales generalmente periféricas a la lucha por el poder.

Los asentamientos ilegales de Buenos Aires y

las organizaciones comunitarias que ellos generaron transformaron profundamente la ciudad y de alguna manera afectaron el proceso político antes de desaparecer en la violenta confrontación final entre la radicalización política y la represión militar.

5.2 *Los asentamientos ilegales y el populismo: las barriadas de Lima*[3]

El espectacular crecimiento urbano de Lima se debe principalmente a la expansión de las barriadas, asentamientos periféricos[4] pobres, frecuentemente ilegales en su etapa temprana, y generalmente carentes de los servicios urbanos básicos. La población de las barriadas proviene por una parte, de los tugurios de la Lima central, una vez que han alcanzado un nivel máximo de hacinamiento o cuando son demolidos; por otra parte, provienen del acelerado proceso de migración rural y regional.[5] Las causas estructurales de ese proceso son las mismas que se han analizado para todas las sociedades dependientes.[6] Y también en Perú, esta forma

[3] Véase Etienne Henry, *La escena urbana,* Pontificia Universidad Católica del Perú, 1978.

[4] Siempre empiezan en la periferia de la ciudad, pero con la expansión del espacio urbano, algunas de las primeras barriadas están ahora localizadas en el corazón del área metropolitana.

[5] Véase Jacqueline Weisslitz, tal como se la cita en el Apéndice metodológico.

[6] Manuel Castells, "L'ubanisation dependante en Amerique Latine", *Espaces et Societés,* núm. 3, 1971.

particular de la urbanización está íntimamente ligada con el proceso político y no puede explicarse sin referencia a la acción de las fuerzas políticas así como la de las políticas estatales.[7] Dado el carácter ilegal del proceso de invasión de tierras, sólo la permisividad institucional o la fuerza del movimiento (o una combinación de ambas) pudo posibilitar un fenómeno de proporciones tan gigantescas. Más específicamente, dadas las relaciones de poder en la sociedad peruana, el proceso de invasión de tierras debe ser entendido hasta épocas muy recientes como la expresión de las políticas paternalistas de diferentes sectores de los intereses dominantes. Con mucha frecuencia, los propietarios y los fraccionadores privados han manipulado a los colonos para lograr que ciertas porciones de tierra entren en el mercado de bienes raíces, obteniendo de las autoridades alguna infraestructura urbana para los colonos, aumentando el valor de la tierra y abriendo la posibilidad de una redituable construcción de viviendas.

En una segunda etapa del proceso, los colonos serán expulsados de la tierra que ocupaban y obligados a recomenzar el proceso en una nueva frontera de una ciudad que de hecho se expande gracias a su esfuerzo.

No obstante, el principal factor que subyace a la intensidad de las invasiones de tierra ur-

---

[7] Véase David Collier, *Squatters and oligarchs*, Baltimore, The Johns Hopkins University Press, 1976.

bana en Lima ha sido una estrategia política
que consiste en dar protección a la invasión y
a la autoconstrucción a cambio del apoyo de los
pobres. El cuadro 9, elaborado por Etienne
Henry sobre la base de la encuesta de David
Collier en 126 barriadas de Lima, muestra claramente el contexto político de los momentos
álgidos en la invasión urbana entre 1900 y 1968.[8]
Las estrategias políticas y los efectos reales pro-
ducidos sobre los colonos son de hecho muy diferentes de una invasión a otra.

El momento más espectacular en la historia
de las invasiones de tierras corresponde a la iniciativa del gobierno del general Odría en 1948-
1950. En una situación de represión política
contra el partido comunista y particularmente
en contra del APRA (quien estaba acumulando
poder para implementar un "programa antiim-
perialista"), el populismo de Odría fue un intento directo de movilizar a la gente sobre la
base de una relación paternalista orientada hacia la distribución de la tierra y los servicios urbanos. El objetivo era disputar la influencia
política del APRA, beneficiándose del bajo nivel
de organización política y conciencia de los pobres urbanos y movilizando a la gente en torno
a temas exteriores al centro de trabajo, en donde los líderes pro-APRA podían ser más vulne-

---

[8] La población de esas 126 barriadas daba cuenta de sólo
cerca de la mitad de la población total de las barriadas en
1970, lo cual significa que las barriadas más densas y más
recientes no estaban incluidas en esta encuesta.

rables. Sin embargo, la reacción del APRA fue muy rápida, y al exigir que Odría cumpliera sus promesas a los colonos revolucionaron el movimiento y ganaron el liderazgo de las organizaciones de los asentamientos precarios acelerando el proceso de invasiones. El resultado final fue la crisis política del gobierno de Odría.

Podemos comprender, pues, por qué el gobierno de Prado, apoyado por el APRA, siguió interesado en las barriadas a fin de eliminar los círculos pro Odría que subsistían y ampliar su base popular. En lugar de estimular las nuevas invasiones, Prado lanzó un programa de vivienda y de entrega de servicios a las zonas populares, tratando de integrar esos sectores a la política del gobierno sin movilizarlos. En una jugada complementaria, el APRA comenzó a controlar formalmente las asociaciones de pobladores con objeto de expandir su maquinaria política desde los sindicatos hacia las formas residenciales de las organización social.

La política urbana de Belaúnde fue muy diferente. Aunque él también buscó algún apoyo en los colonos, permitiendo y estimulando las invasiones de tierras, no limitó su actividad a la lucha en contra del APRA. Intentó una cierta racionalización de todo el proceso. Su Ley de barriadas fue el primer intento de adaptar el proceso de urbanización al interés general del desarrollo capitalista peruano por encima de un conjunto particular de intereses políticos. La

CUADRO 9

DESARROLLO DE LAS BARRIADAS EN LIMA SEGÚN LA ORIENTACIÓN POLÍTICA DEL GOBIERNO NACIONAL EXPRESADA POR EL PRESIDENTE EN FUNCIONES (1900-1968)

Presidente	Política gubernamental	Invasiones de tierras	Ocupación gradual	Otros	TOTAL	Porcentaje	Población	Porcentaje de la población de Lima
Antes de Sánchez-Cerro (1900-1930)	...	1	1	...	2	1.6	1 400	0.3
Sánchez-Cerro (1930-31; 1931-33)	1	1	1	...	3	2.4	8 500	1.9
Benavides (1933-1939)	1	3	4	...	8	6.3	11 200	2.5
Prado (1939-1945)	...	...	6	2	8	6.3	4 600	1.0
En disputa	...	...	5	...	5	4.0	22 200	4.9

(1945) Bustamante (1945-1948)	1	6	8	1	16	12.7	30 300	6.7
Odría (1948-1950)	11	11	8	...	30	23.8	165 400	36.6
En disputa (1956)	...	1	1	...	2	1.6	10 500	4.3
Prado (1956-1962)	11	11	7	1	30	23.8	80 700	17.7
Pérez Godoy (1962-1963)	...	2	...	...	2	9.6	2 500	0.6
Lindley (1963)	1	2	...	...	3	2.4	12 500	2.8
Belaúnde (1963-1968)	12	3	...	...	15	11.9	90 600	20.0
TOTAL	38	43	41	4	126	100.0	152 000	100.0

FUENTE: Etienne Henry, 1974 (tal como se cita en el Apéndice).

actividad de su partido, Acción Popular, se dirigió a la modernización del sistema y a posibilitar una relación efectiva con los intereses del capital corporativo multinacional. El control social de los asentamientos precarios fue entonces organizado por las agencias internacionales, las iglesias y las organizaciones filantrópicas, estrechamente ligadas a los intereses del gobierno americano.[9] La estrategia de Belaúnde fue muy efectiva en el debilitamiento de la influencia política del APRA entre los pobladores. Pero fue incapaz de proporcionar una nueva forma de control social establecido sobre bases sólidas. Esta situación determinó un cambio muy importante en la estrategia del gobierno después del establecimiento de una junta militar con la revolución de 1968. Al comienzo, el gobierno militar trató de implementar una política de ley y orden, reprimiendo todas las invasiones ilegales y poniendo las asociaciones de pobladores bajo el control de la policía. No obstante, su actitud hacia las barriadas cambió dramáticamente sobre la base de dos factores fundamentales: a] La dificultad de contrarrestar un mecanismo muy básico de las sociedades dependientes en el manejo de la crisis de vivienda en las grandes ciudades, y b] La necesidad del gobierno militar de establecer muy rápidamente algún apoyo popular para sus polí-

---

[9] Véase Alfredo Rodríguez *et al.*, *Segregación residencial y desmovilización política: el caso de Lima*, Buenos Aires, SIAP, 1973.

ticas modernizadoras, una vez que esas políticas fueron atacadas por los propietarios conservadores y los círculos empresariales.

El momento clave parece haber sido el "Pamplonazo" en mayo de 1971. Una invasión de tierra urbana en el vecindario de Pamplona fue reprimida duramente y provocó un conflicto abierto entre el ministro del Interior, el general Artola, y el obispo Bambare, cuyo apodo era el "Obispo de las Barriadas", y quien llegó a estar encarcelado. La crisis entre el Estado y la Iglesia católica llevó al presidente general Velasco Alvarado a actuar personalmente en el asunto. Concedió la mayor parte de las demandas de los pobladores pero los desplazó a una zona periférica muy árida en las cercanías de Lima, en donde los invitó a iniciar una experiencia de "autogestión", prometiendo apoyo gubernamental; fue el comienzo de la Villa El Salvador, una nueva ciudad que hoy aloja a 300 000 habitantes reclutados entre los residentes de Lima y los migrantes rurales en pos de un hogar en el área metropolitana. El gobierno militar aprendió a partir de esa crisis una lección muy importante. No sólo descubrió los peligros de una política puramente represiva, sino que también advirtió las ventajas potenciales de la movilización de los pobladores bajo su control organizativo. Usando la experiencia de la Iglesia, el gobierno militar creó una agencia especial, la Oficina Nacional de Pueblos Jóvenes, encargada de legalizar las ocupaciones de tierra y de organizar la ayuda material e institucional a las barriadas. Al mismo tiempo, dentro del marco de SINAMOS (Sistema Nacional de Movilización Social), aparato ideológico del régimen, se creó una sección especial, dirigida hacia la organización y la conducción de los pobladores. Con las nuevas medidas, cada zona residencial en las barriadas tenía que elegir a sus representantes, quienes podían llegar a convertirse en los socios de los funcionarios oficiales que controlaban la distribución de ayuda material y equipamiento urbano. Al mismo tiempo, la nueva institución se apoyó en las agencias preexistentes y en las asociaciones voluntarias (la mayor parte de ellas estaban ligadas a las iglesias y a las agencias internacionales), absorbiendo sus funciones y coordinando su actividad dentro de la perspectiva general de la política del Estado. Esta política se desarrollaría a lo largo de varias dimensiones: la económica (instituciones de ahorro popular, cooperativas de producción y consumo), la legal (leyes que reconocían las ocupaciones ilegales de tierra urbana), la ideológica (legitimación de las asociaciones de pobladores, centros de propaganda ligados al gobierno), la política (participación activa en la revolución peruana a través de SINAMOS). De hecho las barriadas se convirtieron en un foco crucial de movilización popular del nuevo régimen.

Como consecuencia de los sucesivos procesos de movilización de los pobladores por parte del

Estado, al igual que los partidos políticos, las barriadas de Lima crecieron en proporciones extraordinarias: su población aumentó de 100 000 personas en 1940 a 1 000 000 en 1970, y llegaron a ser una proporción cada vez mayor de la población en la mayoría de los distritos de Lima (véase el mapa i). Sin embargo, sería erróneo concluir que todas las normas de movilización fueron las mismas bajo diferentes vestiduras ideológicas. Etienne Henry, en su estudio, pone en evidencia algunas diferencias fundamentales en términos de las prácticas reales. Las políticas de Odría y Prado expresan la misma relación con los pobladores, aunque en direcciones políticas opuestas: es una relación paternalista dirigida a reforzar sus bases políticas. En el caso de Belaúnde, la acción para integrar a la gente está subordinada al esfuerzo de racionalizar el proceso de desarrollo urbano. Con la política poblacional del nuevo gobierno militar, entre 1971 y 1975, asistimos a una profunda transformación de la relación entre el Estado y las barriadas. *No* es un intento de construir apoyo partidario para una maquinaria política particular. Es, de hecho, un proyecto muy ambicioso de establecer una relación nueva y permanente entre el Estado y los sectores populares urbanos a través de la movilización controlada de las barriadas, ahora convertidas en "pueblos jóvenes". Tal transformación no es un simple cambio terminológico; expresa el control estatal de todas las funciones económi-

cas y políticas de las asociaciones voluntarias
de los pobladores, a cambio de la provisión y
gestión de los servicios urbanos requeridos. El
objetivo ya no es obtener una base política,
sino construir un "movimiento popular" movilizado en torno a los valores fijados por el régimen revolucionario. En ese sentido, las ba-

MAPA I

PORCENTAJE DE POBLACIÓN QUE VIVE EN ASENTAMIENTOS
PRECARIOS CON RELACIÓN A LA POBLACIÓN TOTAL DE
CADA DISTRITO
(Lima-Callao, 1970)

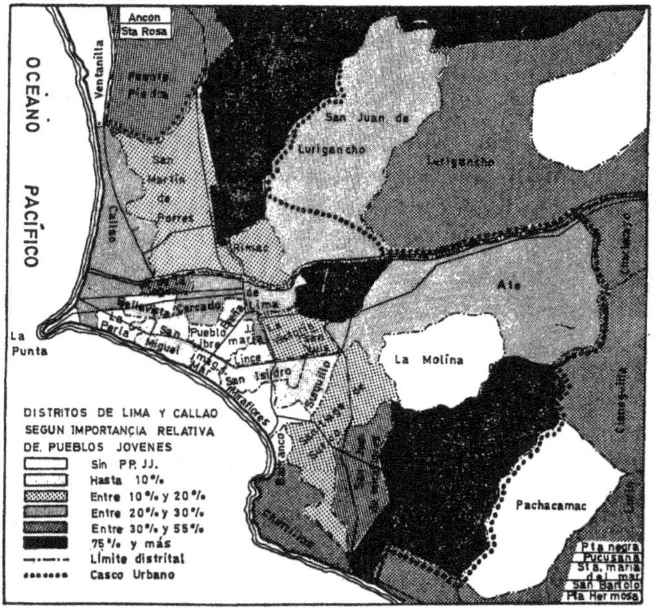

FUENTE: Etienne Henry, 1978.

rriadas llegarán a estar íntimamente ligadas a la evolución política peruana y se mostrarán reticentes a adaptarse a la nueva orientación del gobierno, resultante de una creciente influencia del ala conservadora dentro del Ejército.

A primera vista, el mundo de las barriadas en Lima se presenta como una masa manipulada, que cambia de una ideología política a otra a cambio de la entrega (o la promesa de entrega) de tierra, vivienda y servicios. Tal es, en efecto, la tendencia dominante de la realidad histórica. Y la actitud de los pobladores es muy comprensible si recordamos que todas las alternativas políticas progresistas fueron siempre derrotadas y ferozmente reprimidas. De esta manera, tal como lo han señalado Anthony y Elizabeth Leeds,[10] el comportamiento de los pobladores no es ni cínico ni apolítico, sino, por el contrario, profundamente realista y consciente da la situación política y de cómo pueden lograr satisfacer sus demandas más urgentes. Así pues, parece que como consecuencia del proceso, el movimiento urbano peruano fue hasta 1976 fuertemente dependiente de las diferentes estrategias populistas de movilización controlada. Esto es, en sus diferentes etapas el movimiento fue un vehículo de integración social de los sectores populares urbanos en las diferentes

[10] Véase Anthony y Elizabeth Leeds, *op. cit.*, tal como se la cita en la nota 15 del cap. 1.

estrategias políticas elaboradas por las diversas
tendencias políticas de las clases dominantes.

Ahora el proceso, como todos los proyectos
de movilización controlada, expresa una con-
tradicción entre la efectividad de tal movilización y el logro de los objetivos asignados al movimiento. Cuando esos objetivos son posterga-
dos como un resultado de los límites estructurales de la reforma social, y cuando la organización y conciencia de la gente va creciendo, se
producen algunos intentos de movilización social autónoma. En el caso de Lima un signo de
esta evolución fue la organización, en 1972, de
la barriada "Independencia". Cuando el proceso de movilización autónoma se expandió, el
gobierno trató de detenerlo por medio de una
represión violenta, como en marzo de 1974. A
pesar de la represión el movimiento mantuvo
su oposición, haciendo alianzas con los sindicatos y con la izquierda radical, tal como se ma-
nifestó en la masiva participación de las barriadas en las huelgas en contra del régimen en los
años de 1976, 1978 y 1979. Después del des-
mantelamiento de SINAMOS por parte del nuevo presidente militar, el aparato de control político de las barriadas se derrumbó rápidamente. De manera irónica, la Villa El Salvador se
convirtió en uno de los centros más activos en
la oposición al nuevo liderazgo conservador del
gobierno.

Esta evolución apoya una hipótesis crucial:
la sustitución de una relación paternalista clá-

sica por un proyecto de movilización popular controlada expande la hegemonía de la clase dominante sobre los sectores populares, organizados bajo la etiqueta de "marginales urbanos". Pero la crisis de esa hegemonía, si llega a producirse, tiene consecuencias mucho más serias para el orden social existente que la ruptura de los vínculos paternalistas tradicionales de una maquinaria política. De hecho, de una crisis como ésa podría desarrollarse un movimiento popular autónomo, cuyo desarrollo dependería de su capacidad para establecer un vínculo estable y flexible con el proceso general de la lucha de clases.

Este análisis de la experiencia de Lima, aunque excesivamente rápido, proporciona algunos hallazgos interesantes:

a] Un movimiento urbano puede ser un instrumento de integración y subordinación social al orden social existente, en lugar de ser un agente de cambio social. (En realidad, ésa es la tendencia dominante en la experiencia de los asentamientos ilegales en América Latina.)

b] La subordinación del movimiento puede lograrse por medio de partidos políticos que representan los intereses de diferentes fracciones de la clase dominante y/o por medio del Estado mismo. Los procesos resultantes en cada caso son extremadamente diferentes. Cuando el movimiento está íntimamente ligado al Estado, las políticas urbanas se convierten en un aspecto crucial de los procesos de cambio en las sociedades dependientes.

c] Puesto que la urbanización en los países en desarrollo está profundamente marcada por una proporción creciente de asentamientos precarios con relación a la población urbana total, parecería que las formas y niveles de tal urbanización serán altamente dependientes de la relación que se establezca entre el Estado y los sectores populares. Esto explica por qué consideramos a la política urbana como la variable explicativa principal en el proceso de urbanización.

d] Finalmente, hay algunas posibilidades de que los movimientos urbanos se conviertan en movimientos sociales, esto es, en agentes de transformación social. Un proceso como ése dependería, por una parte, de la ruptura de las relaciones de integración social establecidas por el Estado y por la otra, de la capacidad de los movimientos urbanos para articular su protesta con el proceso general de cambio político.

Por consiguiente, examinemos ahora el proceso de formación de un verdadero movimiento social urbano, por medio del análisis de la experiencia chilena, la más rica hasta la fecha en América Latina.

5.3 Movimientos sociales urbanos y cambio político: los pobladores de Santiago de Chile (1965-1973)[11]

El significado histórico de los movimientos urbanos de Chile entre 1965 y 1973 ha estado rodeado por una mitología confusa. Nuestro respeto por el movimiento popular chileno nos obliga a una cuidadosa reconstrucción de los hechos históricos, así como a un análisis riguroso de la experiencia real.[12]

Los movimientos urbanos en Chile estuvieron muy íntimamente ligados con el proceso general de lucha de clases y con las expresiones políticas de tal proceso. Ésa es la causa, a un mismo tiempo, de su importancia y de sus límites. Las invasiones de tierra urbana fueron un rasgo habitual de la realidad chilena. Pero sus implicaciones sociales cambiaron cuando se ligaron estrechamente con las estrategias políticas de las clases sociales en conflicto. En ese sentido, los movimientos populares urbanos alcanzaron un punto culminante como consecuencia del fracaso del proyecto de reforma urbana de la democracia cristiana. La reforma, iniciada en la presidencia de Eduardo Frei en 1965, se basaba en tres elementos: 1º) Un programa de distribución de tierra urbana (Ope-

[11] Para las fuentes sobre Chile, véase el Apéndice metodológico.

[12] Para un análisis del proceso político global en Chile, véase Manuel Castells, *La lucha de clases en Chile*, Buenos Aires, Siglo XXI, 1975.

ración Sitio), combinado con la autoconstrucción de vivienda pública popular; 2º La formación de asociaciones voluntarias de pobladores, conectadas con una serie de agencias públicas y organizadas en torno al Departamento de
Promoción Social del gobierno; y 3º La transformación de la estructura gubernamental local,
después de la creación, en 1968, de las Juntas de
Vecinos, elegidas directamente por los residentes de cada vecindario.[13]

En realidad, el programa de reforma urbana
fracasó merced a la doble restricción de los límites estructurales del sistema (la imposibili-
dad de redistribuir recursos sin afectar el funcionamiento del capital privado) y de las presiones de los grupos de interés (principalmente, la Cámara Chilena de la Construcción y las
asociaciones de ahorro y préstamo), quienes
usaron el programa como un medio para producir vivienda rentable para las familias de clase media. Como consecuencia de este fracaso,
los demócrata-cristianos perdieron el control
del movimiento de pobladores y las Juntas de
Vecinos se convirtieron en un campo de bata-
llas políticas. El movimiento comenzó entonces
a presionar al gobierno a lo largo de dos líneas
fundamentales: por una parte, los residentes de
las poblaciones empezaron a reclamar los servicios prometidos; por otra parte, miles de fami-

---

[13] Franz Vanderschueren, "Significado político de las juntas de vecinos", *Revista Latinoamericana de Estudios Urbanos y Regionales*, núm. 2, 1970.

lias que vivían con familiares o en conventillos se reunieron para formar los Comités-sin-Casa. A fines de la década del sesenta, esos comités tomaron la iniciativa de invadir tierra urbana con objeto de forzar al gobierno a proporcionarles vivienda y servicios urbanos en cumplimiento de las promesas del programa de reformas. En el primer período del movimiento, entre 1965 y 1969, el gobierno respondió con la represión a las invasiones, causando inclusive una masacre (Puerto Montt, marzo de 1969), y tuvo un éxito parcial en el intento de detener el proceso. Pero las elecciones presidenciales estaban fijadas para septiembre de 1970 y dentro del Partido Demócrata Cristiano, la izquierda había ganado el apoyo del partido a su líder, Tomic, en contra del presidente conservador Eduardo Frei. Por consiguiente, una represión abierta de los pobladores podía ser políticamente costosa en los sectores populares urbanos cuyo voto había sido crucial en la victoria electoral de 1964. Cuando en el año de 1970 se le restringió a la policía el uso de la violencia, se desató en la mayoría de las ciudades del país un proceso masivo de invasiones, estableciendo una nueva forma de asentamientos llamados campamentos, para simbolizar su ideología política (véase el cuadro 10). Cuando el electo presidente socialista, Salvador Allende, tomó posesión en noviembre de 1970, más de 300 000 personas vivían en esos campamentos en Santiago. A fines de 1972, cuando las in-

vasiones urbanas se estabilizaron, más de
400 000 personas estaban en los campamentos
de Santiago y al menos 100 000 en las otras ciudades. La característica fundamental de esos
campamentos era que desde el principio se es-
tructuraron en torno a los Comités-sin-Casa,
quienes conducían las invasiones, organizados a
su vez por diferentes partidos políticos. Podemos decir que el movimiento chileno de pobladores fue creado por los partidos políticos.
Sin duda, para hacerlo tomaron en consideración las necesidades urbanas de la gente y
fueron instrumentales en la organización de sus
demandas y en el apoyo a los mismos ante el

CUADRO 10

INVASIONES ILEGALES DE TIERRA URBANA, CHILE,
1966-1971, POR AÑO

*(Las unidades son hechos de invasión, sin tomar en
consideración el número de colonos involucrados)*

	1966	*1967*	*1968*	*1969*	*1970*	*1971 (primeros 6 meses)*
Santiago	0	13	4	35	103	?
Chile (incluyendo Santiago)	?	?	8	43	220	175

FUENTE: *a)* Para Chile: Informe de la Dirección General de
Carabineros al Senado chileno.
b) Para Santiago: Encuesta inédita de FLACSO sobre los
asentamientos precarios chilenos, 1972 (tal como se cita
en el Apéndice).

MAPA II

LOCALIZACIÓN DE LOS CAMPAMENTOS EN SANTIAGO, 1972

gobierno. Pero de ninguna manera es posible
hablar de "un movimiento" de pobladores, unificado en torno a un programa y una organiza-

ción; tal y como fue, por ejemplo, el movimiento obrero, que en Chile estuvo unido y organizado en la CUT, a pesar de las diferencias políticas dentro de la clase obrera.

La mayoría de los pobladores estuvieron organizados por el Comando de Pobladores de la Central Única de Trabajadores (la rama urbana de los sindicatos), ligado al partido comunista, y por la Central Única del Poblador, dependiente del partido socialista. Una minoría muy activa se constituyó como el Movimiento de Pobladores Revolucionarios, una rama de la organización Movimiento de Izquierda Revolucionaria. Casi el 25% de los campamentos estaban aún bajo el control del Partido Demócrata Cristiano, e incluso unos pocos asentamientos estaban organizados por el Partido Nacional (derecha radical). Esa situación tuvo dos consecuencias fundamentales:

1] Cada campamento era altamente dependiente del liderazgo popular que lo había fundado. El pluralismo político dentro del campamento era un fenómeno raro, excepto entre socialistas y comunistas (por ejemplo, el campamento más grande, Unidad Popular, tenía liderazgo conjunto de ambos partidos).

2] La participación de los campamentos en el proceso político general siguió muy de cerca la línea política que dominaba en cada asentamiento. De hecho, deberíamos hablar de la rama de pobladores de cada partido, más que de un movimiento de pobladores. Aunque todos los partidos hablaron siempre de la necesidad de unificar el movimiento, tal unidad nunca existió más allá de los momentos de movilización para defender el gobierno de Allende o en los momentos decisivos del conflicto político, como en el caso de la distribución de abastecimiento durante la huelga empresarial de octubre de 1972.

Este rasgo central del movimiento explica los resultados del estudio de trabajo de campo que mis colegas y yo condujimos en 25 campamentos en 1971. El mundo social que descubrimos no presentaba ningún tipo de innovación social o cultural. La única excepción era la organización de las funciones policiales y judiciales, en donde la ausencia de instituciones estatales dentro de los campamentos permitió (y obligó) a los pobladores a tomar una serie de medidas que representaban un comienzo de justicia popular. No obstante, la movilización masiva de los pobladores hizo posible que cientos y miles de personas obtuvieran vivienda y servicios urbanos en contra de la lógica prevaleciente en el desarrollo urbano capitalista. Los campamentos modificaron profundamente el sistema urbano. Pero las experiencias orientadas hacia la generación de nuevas prácticas sociales fueron limitadas por las instituciones políticas en donde el viejo orden era aún la fuerza dominante. Un buen ejemplo de esa situación fue el veto demócrata-cristiano en 1971, en contra del proyecto de Allende de crear tribunales vecinales sobre la base de las experiencias de justicia popular.

La dependencia de los campamentos con respecto de los partidos políticos abrió la puerta a la instrumentación de los mismos por cada grupo en función de su interés particular, disminuyendo el nivel de participación popular. La demostración más concluyente sobre este tema es la cuidadosa investigación hecha por Christine Meunier sobre el campamento La Nueva Habana, en donde ella vivió y trabajó entre 1971 y 1973, hasta el golpe militar.[14] La Nueva Habana fue el campamento modelo del Movimiento de Izquierda Revolucionaria, y uno de los más movilizados y bien organizados. Sin embargo, a pesar de sus simpatías por el MIR, Meunier constata el bajo nivel de transformación cultural en la vida cotidiana de los pobladores y señala la estricta subordinación de cualquier iniciativa popular a los intereses políticos inmediatos del liderazgo del campamento.

En nuestra propia investigación con el equipo CIDU, concluimos de manera similar para todos los campamentos de todas las tendencias: la práctica de los pobladores estaba enteramente determinada por la orientación política del asentamiento, y esa orientación política era el resultado de la dinámica interna del partido dominante en cada campamento.

[14] Véase el estudio de Christine Meunier, tal como se lo cita en el Apéndice metodológico.

El mismo resultado se obtuvo en estudios sobre movilización en los conventillos (tugurios de la ciudad central)[15] y en las organizaciones reivindicativas vecinales.[16] Quizás la única excepción fueran las Juntas de Abastecimientos y Precios, en donde se observó un alto nivel de autonomía popular, por encima de la diversidad política Pero aún en esas Juntas, su práctica fue muy diferente, dirigida a reforzar el gobierno socialista o a estructurar un "poder dual", según la tendencia política dominante.

En alguna medida la postura política de los pobladores fue un elemento decisivo para posibilitar la integración de los hasta entonces pasivos sectores urbanos en la batalla política crucial que había iniciado el movimiento obrero en pos de la construcción de una nueva sociedad. En este sentido podemos hablar de un movimiento social urbano puesto que las masas políticas movilizadas en torno a los temas urbanos actuaron intensamente en el proceso político hacia un cambio social.

Sin embargo, la politización partidaria y segmentada de los pobladores hizo que fuera imposible que la izquierda política extendiera su influencia más allá de los límites de los grupos que podía controlar directamente de manera

---

[15] Véase el estudio de François Pingeot, tal como se lo cita en el Apéndice metodológico.
[16] Luis Alvarado y Rosemond Cheetham, "Movilización social en torno al problema de la vivienda", *Revista Latinoamericana de Estudios Urbanos y Regionales*, núm. 7, 1973.

orgánica. Las diferentes líneas que existían en cada campamento cristalizaron en oposición política en los diferentes grupos dentro de los sectores populares —a diferencia de lo que ocurrió en los sindicatos, en donde los obreros demócrata-cristianos respaldaron frecuentemente las iniciativas de la izquierda, como la protesta en contra del boicot a Chile por parte de las instituciones financieras internacionales.

Más aún, el fraccionamiento de las fuerzas políticas en los campamentos y poblaciones condujo a que cada grupo encontrara apoyo en la administración, fragmentando todo el sistema en diferentes constelaciones en las que los funcionarios estatales, los cuadros partidarios y los pobladores se alineaban en torno a banderas políticas particulares.

Los efectos sociales de esa forma de evolución de un movimiento urbano, aparecerán claramente al señalarse la ligazón diferencial entre los pobladores y el gobierno de Allende en tres momentos diferentes de la experiencia de la Unidad Popular.

Durante el primer año (noviembre de 1970 a octubre de 1971) las dificultades para poner en funcionamiento la nueva industria de la construcción imposibilitaron la satisfacción de las demandas de los pobladores. Lo único que hizo el gobierno fue aceptar la invasión de tierras y proporcionar algunos servicios elementales, relacionando a los colonos con algunas agencias públicas. A pesar de la incapacidad del gobierno, los pobladores, incluyendo a los demócrata-cristianos, colaboraron activamente con la administración.

Por el contrario, a finales del segundo año, cuando 70 000 viviendas estaban en construcción y cuando comenzaba a proporcionarse salud, educación y otros servicios, aparecieron en los pobladores algunos serios signos de intraquilidad. Finalmente, después de octubre de 1972, cuando la definición política se hizo inevitable, cada sector de los pobladores se alineó con su correspondiente fracción política.

Para comprender la evolución de esta actitud hacia el gobierno, debemos tomar en consideración el contenido de clases de las líneas políticas de la Unidad Popular, así como los intereses sociales representados por las poblaciones. En el primer año, el gobierno, tratando de obtener ventajas de la confusión política que prevalecía en los círculos dominantes de negocios, implementó con éxito un conjunto de reformas económicas y sociales que elevaron sustancialmente los niveles de producción y los estándares de vida. Estas medidas, junto con la preservación de la libertad política y la paz social, lograron un importante apoyo popular. El debate político se mantuvo dentro de los límites institucionales y la oposición de la democracia cristiana fue moderada.

Durante el segundo año, el sabotaje a la economía, el boicot norteamericano y el fin de los beneficios del uso de la capacidad industrial

anteriormente ociosa, deterioraron con rapidez
la economía. La alianza política entre el centro
y la derecha aisló a la Unidad Popular.

La radicalización de algunos sectores populares fue exacerbada y usada como pretexto
para la provocación política. La presión internacional se reforzó. En esas condiciones, hubo
un sector obrero popular particularmente sen-
sible a la desorientación política: los obreros
de las empresas pequeñas. La causa era que si
bien no estaban incluidos en el sector nacionali-
zado. se les pidió contener sus reivindicaciones
con objeto de preservar la alianza con la pequeña empresa. Este sector obrero, de hecho, casi
no estaba sindicalizado y tuvo siempre un nivel
muy bajo de conciencia política. De modo que
el gobierno de la Unidad Popular pidió el esfuerzo más responsable al sector menos organizado y consciente de la clase obrera. La reacción de este sector fue de hecho una serie de
iniciativas variables, en ocasiones muy radicales,
en ocasiones muy conservadoras, pero siempre
sin conexión con la línea política fundamental
de la izquierda popular. Ahora bien, todas las
encuestas muestran que este particular sector
de la clase obrera de empresas pequeñas representaba en Chile la proporción más importante
de los asentamientos poblacionales. Por consiguiente, el movimiento de los pobladores fue la
principal expresión organizativa de este grupo
social. Pero dado el fraccionamiento político
del movimiento, en lugar de convertirse en la

forma posible de organización y movilización de
los obreros del "sector tradicional", el movimiento de pobladores reflejó la desorientación
de ese grupo y ocasionalmente llegó a ser un
campo de maniobras de la demagogia en contra
del gobierno de la Unidad Popular.

Durante el tercer año, la izquierda de la Unidad Popular, así como el MIR trataron de construir un "poder del pueblo" capaz de oponerse
a las clases dominantes, desarrollando organizaciones basadas territorialmente, que combina-
ban tanto los movimientos urbanos como los
sindicatos industriales (comandos comunales y
cordones industriales). Pero puesto que mucha
gente de hecho se inclinaba hacia el centro-
derecha y la mayoría de los obreros seguían la
línea representada por el gobierno, esta experiencia popular sólo congregó a la vanguardia
de los obreros industriales en algunos sectores
de las grandes ciudades.[17] En realidad, en los
momentos decisivos del año 1973, el movimiento de pobladores desapareció como entidad autónoma y fue menos que nunca el movimiento unificado en torno al cual la izquierda pudiera haber organizado algunos sectores populares que, en los hechos, apoyaron parcialmente al
centro-derecha. No sólo disminuyó la influencia política del movimiento de pobladores, sino
que como parte de la ofensiva de la derecha, la

[17] Rosemond Cheetham, Alfredo Rodríguez, Jaime Rojas,
"Comandos urbanos: alternativa de poder socialista", *Revista Interamericana de Planificación*, VIII, 3, julio de 1974.

extrema derecha organizó a algunas zonas de clase media en función de líneas político-sociales (las organizaciones PROTECO), ligando el suministro de servicios locales a la preparación para el golpe militar.

La desaparición del movimiento de pobladores en 1973 fue la consecuencia lógica de un movimiento de masas en donde la hegemonía política de la izquierda' fue de hecho remplazada por la disciplina partidaria.

Los únicos momentos de desarrollo masivo en el movimiento de pobladores fueron aquellos en que los partidos políticos de izquierda se unieron en torno a una línea común: el primer año del gobierno de Allende y la respuesta de masas a la huelga empresarial de octubre de 1972. En ambas situaciones, el movimiento de pobladores comenzó a producir un nuevo sistema urbano, en correspondencia con la transformación política del Estado por parte del gobierno de Allende. En ambas ocasiones pudimos apreciar un movimiento de masas y un movimiento social. Un movimiento de masas: reunió y organizó a un volumen más grande de gente que la esfera de influencia política de los partidos de izquierda. Un movimiento social: merced a su capacidad de movilización, comenzó a producir cambios sustanciales en el funcionamiento de los servicios urbanos y en los procesos de toma de decisión de las instituciones del Estado. Ambos momentos fueron excepcionales y demasiado breves: la unidad y la influencia cultural del movimiento de pobladores no sobrevivió a la polarización de la oposición política que existía en su interior.

El movimiento urbano en Chile fue potencialmente un elemento decisivo en la transformación revolucionaria de la sociedad porque dentro de él pudo lograrse la alianza de la clase obrera organizada con los sectores proletarios sin organización ni conciencia, así como con la pequeña burguesía en crisis. Por vez primera en América Latina, la izquierda sí comprendió la potencialidad de los movimientos urbanos y peleó la ideología populista en su propio terreno, creando una posibilidad de hegemonía política en los sectores populares urbanos. Pero la forma que asumió esa iniciativa política, la sobrepolitización del proceso desde su comienzo, y sobre todo, la cristalización organizativa de las influencias políticas dentro del movimiento socavaron su unidad e imposibilitaron la definición autónoma de sus objetivos. En lugar de ser un instrumento para el restablecimiento de la unidad del pueblo, el movimiento de pobladores se convirtió en un amplificador de las divisiones ideológicas en su seno.

Tal afirmación no tiene por objeto desalentar al lector, criticar el movimiento de pobladores chilenos o reescribir la historia. Sólo el pueblo chileno está autorizado a juzgar su propia experiencia. En este texto se trata, simplemente, de extraer algunas lecciones fundamentales de un proceso histórico que mis colegas y yo personalmente compartimos en todos sus aspectos. Para restablecer los hechos. Para plantear hipótesis sobre sus causas y sus consecuencias. Para aprender de las derrotas. Para seguir la lucha.

5.4 Entre el caciquismo y la utopía: los colonos de la Ciudad de México y los posesionarios de Monterrey.

El acelerado crecimiento urbano de México es un proceso social lleno de contradicciones.[18] Como una expresión de esas contradicciones durante la década del setenta, los sectores populares y los residentes en asentamientos precarios se movilizaron crecientemente para lograr la satisfacción de sus demandas en las vecindades y colonias proletarias de las más grandes ciudades mexicanas. La fuerza potencial de este proceso de movilización urbana debe ser evaluada dentro del contexto de un sistema político extremadamente capaz de controlar e integrar todos los signos de protesta social.

En la forma tradicional de asentamientos precarios en la periferia de las grandes ciudades, el elemento clave es una organización comunitaria muy fuerte bajo el estrecho control

[18] Véase mi análisis de la relación entre Estado y urbanización en México: Manuel Castells, "Apuntes para un análisis de clase de la política urbana del Estado mexicano", *Revista Mexicana de Sociología*, 4, 1977; véase también Luis Unikel, *El desarrollo urbano en México*, El Colegio de México, 1976.

de algunos líderes que son los intermediarios entre los colonos y los funcionarios de la administración.[19] En las etapas tempranas del proceso, esta forma de organización comunitaria puede considerarse bajo el dominio del caciquismo, esto es, del control personal y autoritario de un líder que a su vez está respaldado y reconocido por las autoridades locales. Por consiguiente, el proceso de invasiones ilegales de tierras *no* es en sí mismo un desafío al orden social prevaleciente. Económicamente representa una forma de activar el mercado capitalista de tierra urbana. Políticamente, es un elemento fundamental del control social sobre sectores populares que buscan amparo. Lo que debe acentuarse es que el caciquismo no es un fenómeno aislado e interpersonal sino una dimensión crucial del sistema político general y una función importante dentro de las políticas urbanas del Estado. Los líderes locales no son jefes locales que viven en un mundo cerrado: son representantes del poder político a través de sus relaciones con la administración y con el Partido Revolucionario Institucional (el partido gubernamental) de donde obtienen sus recursos y su legitimidad.[20] De modo que los colonos mexicanos siempre han estado muy organizados en sus comunidades. Su organización

---

[19] Véase Wayne Cornelius, *Politics and the migrant poor in Mexico City*, Stanford University Press, 1971.
[20] Véase Jorge Montaño, *Los pobres de la ciudad en los asentamientos espontáneos*, México, Siglo XXI, 1976.

cumple dos funciones fundamentales: por una parte, les permite ejercer presión en favor de sus demandas en lo referente al derecho a permanecer en la tierra que han ocupado y a obtener servicios urbanos; por otra parte, representa un canal importante de participación política subordinada al asegurar sus votos y su apoyo al PRI. De hecho, ambos aspectos son complementarios y los caciques son los agentes de ese proceso. *No* son los verdaderos jefes de los colonos puesto que ejercen su poder en beneficio del PRI. Para comprender esta situación debemos recordar las raíces históricas populares del PRI y su necesidad de renovar continuamente su papel en la organización política de la gente al proporcionar acceso al trabajo, la vivienda y los servicios a cambio de la lealtad al programa y los personajes del PRI.

De modo que los nuevos movimientos urbanos en México desarrollados durante la década del setenta derivaban de una previa red de asociaciones voluntarias que existían en las vecindades y colonias y que eran al mismo tiempo canales para la expresión de demandas y vehículos de integración política al sistema de poder construido por el PRI. Tomando en consideración la hegemonía ideológica del PRI y la violenta represión ejercida en contra de cualquier forma alternativa de organización de colonos, ¿cómo podemos explicar el surgimiento de movimientos urbanos autónomos desde

1968? ¿Y cuáles son sus características y potencialidades?

Dos factores fundamentales parecen haber favorecido en el nivel de un contexto general el desarrollo de tales movimientos:

a] El reformismo del presidente Luis Echeverría (1970-1976) abrió algunas posibilidades de protesta fuera de los canales establecidos, al mismo tiempo que legitimó las aspiraciones a mejorar las condiciones de vida en las ciudades.

b] El radicalismo político de los estudiantes después del movimiento de 1968 proporcionó militantes que trataron de apoyarse en las comunidades de colonos como base sobre la cual construir una nueva forma de organización política autónoma.

Esto explica el hecho de que la evolución de los nuevos movimientos urbanos estuviera determinada por la interacción entre los intereses de los colonos, la política reformista de la administración y la experiencia de una nueva izquierda radical que intentaba aprender cómo conducir luchas urbanas.

En el primer momento del proceso de movilización urbana, los izquierdistas tratan de organizar y politizar algunos asentamientos ilegales, articulando sus demandas urbanas con el proyecto de establecer bases permanentes de acción revolucionaria y propaganda dentro de esos asentamientos. Con mucha frecuencia esos intentos no son capaces de sobrepasar los te-

mores de los colonos a las represalias ni las sólidas raíces de la organización política del PRI.
Cuando los izquierdistas tienen éxito en su intento y organizan un asentamiento como una
comunidad revolucionaria, el Estado usa entonces una violencia en gran escala para concluir
con la experiencia, teniendo cuidado de previa-
mente restar legitimidad al movimiento decla-
rando que tenía contactos subversivos con la
guerrilla clandestina. El ejemplo más típico fue
la colonia Rubén Jaramillo en la ciudad de
Cuernavaca. Más de 25 000 colonos fueron allí
organizados por militantes de izquierda quienes
unieron la efectividad en la organización de
las condiciones materiales de la vida cotidiana
a un proceso de toma de conciencia. El radicalismo de la experiencia llevó a una respuesta
violenta del ejército quien ocupó la colonia y
la puso bajo el control de una oficina pública
especializada en el trato con los colonos.

No obstante, otros asentamientos resistieron
la violenta represión militar y sobrevivieron
manteniendo un alto nivel de organización y
movilización política. El caso más conocido es
el del Campamento 2 de octubre en Ixtacalco,
en el área metropolitana de la ciudad de México. Cuatro mil familias invadieron ilegalmente
un trozo de tierra urbana de alto valor, en la
cual tenían considerable interés los fraccionadores privados tanto como los públicos. Estudiantes y profesionales respaldaron el movimiento y algunos de ellos fueron a vivir con los

colonos para colaborar con su organización.

Mantuvieron siempre su autonomía ante la administración y usaron su fuerte capacidad negociadora para convocar a una oposición general a las políticas del PRI. Se convirtieron en el blanco de los sectores más conservadores del sistema mexicano. Después de una larga serie de provocaciones, a cargo de bandas pagadas, la policía atacó el campamento en enero de 1976, prendiéndole fuego e hiriendo a numerosos colonos. Algunos días después, varios cientos de familias regresaron al campamento y reconstruyeron sus casas, iniciando un proceso de negociación con el gobierno a fin de lograr el derecho legal a permanecer allí. Pero, si la represión no pudo desmantelar el campamento, sí tuvo éxito en el aislamiento de la experiencia, volviéndola algo demasiado peligroso como para que otros colonos siguieran el ejemplo. Cuando los colonos de Ixtacalco trataron de organizarse en torno a una Federación de Colonias Proletarias con objeto de unir los esfuerzos de los diferentes asentamientos, lograron muy poco apoyo en virtud de la imagen de un excesivo radicalismo que se había creado en torno a ellos en el proceso de la represión y de la resistencia a la represión. En realidad, sus demandas eran relativamente modestas, y consistían en la legalización del asentamiento y en un mínimo nivel de suministro de servicios. Pero la represión fue muy severa porque el gobierno vio un peligro grande en la voluntad de autonomía del movimiento, en su capacidad de ligar demandas urbanas a críticas políticas y en su convocatoria a otros sectores políticos para construir un frente de oposición que evadiera el aparato político del PRI dentro de las comunidades. Al mismo tiempo, la acción de la policía fue facilitada por la ingenuidad política de algunos de los estudiantes quienes al comienzo del movimiento consideraron el campamento como si fuera una "zona liberada" y gastaron mucha de su energía en el radicalismo verbal. En ese sentido Ixtacalco es un ejemplo extraordinariamente avanzado de movilización urbana autónoma, pero también una experiencia muy aislada que avanzó por sí misma sin tomar en consideración el nivel general de desarrollo de las luchas urbanas en el área de la ciudad de México.

De hecho, los más importantes movimientos urbanos de los años 1970 se produjeron en el norte de México, particularmente en Chihuahua, Torreón, Madero y sobre todo en Monterrey, en donde el movimiento de los posesionarios es tal vez una de las experiencias más interesantes y masivas de América Latina. Examinemos con algún detalle esta experiencia, dado su interés para el establecimiento de conclusiones acerca del fenómeno que estamos tratando.

Monterrey, la tercera ciudad mexicana, con una población de 1 600 000 habitantes, es un área industrial muy dinámica con una importante industria del acero.[21] Está dominada por una burguesía local, con tradiciones viejas y fuertes, cohesivamente organizada y ligada estrechamente al capital americano. El así llamado "Grupo Monterrey" es una élite modernizadora, muy conservadora políticamente y socialmente paternalista Siempre se ha opuesto a la intervención del Estado, ha criticado frecuentemente al PRI y ha logrado integrar a sus obreros por medio de una política de beneficios sociales y altos salarios. La poderosa CTM (Confederación de Trabajadores Mexicanos, la principal organización obrera, controlada por el PRI) es en Monterrey relativamente marginal, puesto que la mayoría de los obreros se han unido a los "sindicatos blancos" manipulados por la administración empresarial. La ciudad, que se enorgullece de mantener los más altos niveles de vida en México, experimentó un alta tasa de crecimiento urbano desde 1940: 5.6 de porcentaje de crecimiento anual en 1940-1950, 5.6 en 1950-1960 y 3.7 en 1960-1970. La inmigración urbana es el resultado tanto del crecimiento industrial de Monterrey, como del acelerado éxodo rural causado por la rápida modernización capitalista del norte de México. Este crecimiento urbano no se acompaña de un incremento

---

[21] Para un análisis urbano de Monterrey, sintetizando lo esencial de nuestras fuentes, véase Diana Villarreal, *Marginalité urbaine et politique de l'État au Mexique: enquête sur les zones residentielles illegales de la ville de Monterrey*, tesis de doctorado en sociología, París, École des Hautes Études en Sciences Sociales, 1979.

en la acción pública con relación a la vivienda
y los servicios urbanos. Las grandes compañías
proporcionan vivienda para sus trabajadores.
Para la gente restante (un tercio de la población) no hay vivienda asequible. La consecuencia fue, al igual que en otras ciudades mexicanas, la invasión de tierra circundante y la masiva autoconstrucción de viviendas. En esas condiciones se asentaron 300 000 posesionarios. Los
mecanismos subyacentes fueron similares a los
que ya hemos descrito: especulación y fraccio-
namientos ilegales por una parte, y por la otra,
el papel de la maquinaria política del PRI como
intermediario con las autoridades locales.

Sobre esta base actuaron militantes estudiantiles que trataban de ligar las demandas urbanas con la protesta política, después del desarrollo de una tendencia radical con base en la universidad a partir del año 1971. Los estudiantes
condujeron nuevas invasiones, fuera del control y el acuerdo de la administración. Con objeto de señalar claramente la diferencia con los
anteriores asentamientos, llamaron a los nuevos
"colonias de lucha". En 1971 se fundó la primera, "Mártires de San Cosme", en la zona árida de Topo Chico. La policía los rodeó inmedia-
tamente, pero se retiró después de un mes de
violentos choques. Luego los colonos construyeron sus casas y una infraestructura urbana, y es-
tablecieron una organización social y política
muy elaborada. Durante los años que siguieron
ese proceso se renovó y su efecto acumulativo

hizo que fuera muy difícil detenerlo por medio de la represión. En cada invasión participaban no sólo sus beneficiarios sino también colonos que ya estaban establecidos en otra parte y que consideraban las nuevas invasiones como parte de su propia lucha. El momento de la invasión era extremadamente importante para evitar la represión. Por ejemplo, una de las invasiones más audaces en San Ángel Bajo, que ocupaba una buena porción de zona verde junto al parque municipal, logró producirse sin enfrentamientos porque se realizó la noche antes de la llegada del presidente López Portillo a Monterrey durante su campaña electoral de 1976. Una vez que las invasiones estaban hechas, generalmente la gente izaba la bandera mexicana, y agregaba la bandera roja unas semanas después. De manera semejante nacieron "Tierra y Libertad", "Revolución Proletaria", "Lucio Cabañas", "Genaro Vázquez" y veinticuatro campamentos más que se unieron en una alianza, el Frente Popular Tierra y Libertad que en agosto de 1976 representaba cerca de 100 000 colonos.

Un elemento clave en el éxito del movimiento fue su habilidad para aprovechar las contradicciones internas de la clase dominante. La burguesía de Monterrey se oponía abiertamente al reformismo del presidente Echeverría, y lanzó un fuerte ataque en contra del gobernador quien replicó tratando de lograr apoyo de los sectores populares. Al utilizar los temas de los discursos populistas del gobernador como legitimación de sus acciones, los colonos hicieron que la represión abierta en contra de ellos fuera más difícil. Sin embargo, la envenenada oligarquía local, que controlaba la policía de la ciudad, reaccionó organizando continuas provocaciones. En una de esas acciones policiales, el 18 de febrero de 1976, seis colonos fueron muertos y muchos otros heridos. El movimiento de protesta fue impresionante y de todo el país llegaron muestras de solidaridad. Durante quince días hubo manifestaciones callejeras en Monterrey organizadas conjuntamente por colonos, estudiantes y obreros, y en algunas de ellas se reunieron más de 40 000 personas. Durante dos meses los colonos ocuparon simbólicamente varios lugares públicos. Al fin fueron personalmente recibidos por el presidente Echeverría en la ciudad de México. Los familiares de las víctimas recibieron una compensación económica, se inició una investigación oficial, el jefe de la policía local fue despedido y el gobierno proporcionó un fuerte apoyo financiero a los asentamientos revolucionarios.

Así pues, en un momento crítico, el movimiento mostró claramente su fuerza y su capacidad política. Pero también reveló sus límites. Para comprender este punto crucial en el análisis, debemos considerar la estructura organizativa y los principios políticos del movimiento de colonos en Monterrey.

La idea básica, compartida por todos los líderes de los colonos, era que las luchas por demandas urbanas son significativas sólo en la medida en que permiten que la gente se una, se organice y tome conciencia política, puesto que, según esos líderes, esa fuerza política es la única garantía real de un éxito regular en las propias demandas. Por el otro lado, querían ligar las acciones de los colonos a una tendencia colectiva, orientada en el largo plazo a una transformación revolucionaria de la sociedad. Sólo recordando esos principios es posible entender algunos aspectos sorprendentes del movimiento. Por ejemplo, *los colonos se opusieron fuertemente a la legalización por parte del gobierno de las tierras ilegalmente ocupadas.* La razón era triple: económica, política e ideológica. Económicamente, la legalización implicaba altos pagos durante un largo tiempo, en condiciones que muchas familias no podían afrontar. Ideológicamente, el movimiento podía transformarse en un grupo de presión frente al Estado, en lugar de afirmar su derecho natural a la tierra. Y sobre todo, políticamente, la legalización, al individualizar el problema y dividir la tierra, creaba una relación específica entre cada colono y la administración. De esta manera, el movimiento podía fragmentarse, perdiendo su solidaridad interna y siendo empujado hacia la integración en la maquinaria del Estado. Por consiguiente, y para preservar su solidaridad, su cohesión y su fuerza (a las que con-

sideraban sus únicas armas), los colonos rechazaron los títulos de propiedad ofrecidos por el
Estado y expulsaron de los campamentos a aquellos colonos que aceptaron los títulos legales de
propiedad.

Con relación al suministro de servicios, se
tomó una actitud semejante. Los colonos creían
en la auto-gestión y rechazaron la ayuda del Estado en las primeras etapas del movimiento.
No evitaron el contacto con el Estado, puesto
que estaban continuamente envueltos en nego-
ciaciones, pero quisieron preservar la autonomía popular en un contexto como el mexicano,
en el cual el sistema político es particularmente capaz de absorber cualquier iniciativa de las
organizaciones populares. De modo que roba-
ron los materiales de construcción o los obte-
nían presionando a la administración y ellos
mismos construyeron *colectivamente* las escuelas, centros de salud y centros cívicos, con exce-
lentes resultados en cuanto a la calidad de la
construcción, a diferencia de la mayoría de los
asentamientos precarios mexicanos. Cada familia construyó su casa, pero en lotes de tamaño
colectivamente decidido de acuerdo con el tamaño de la familia y siguiendo un plano maes-
tro aprobado por la Asamblea General del campamento. El agua, el drenaje y la electricidad
fueron provistos por conexiones ilegales al sistema de la ciudad. Es interesante señalar que
varios campamentos decidieron no tener energía eléctrica con objeto de evitar la televisión

pues era una fuente de "contaminación ideológica". Con relación al transporte, los colonos se apoderaron en varias ocasiones de camiones de línea, obligando finalmente a la compañía de transporte a modificar sus rutas con objeto de adaptarse a la "nueva estructura urbana". Las escuelas estaban integradas al sistema educativo general y eran pagadas por el Estado, pero estaban controladas por las asociaciones de padres en colaboración con los representantes de los niños. Una organización semejante se hizo cargo de los servicios de salud. Había también en cada campamento un comité de honor y justicia que dictaminaba en los conflictos interpersonales. Los casos más serios eran tratados por la Asamblea General. El alcohol y la prostitución estaban estrictamente prohibidos. Los líderes de los compamentos organizaban grupos de vigilancia para proteger a los colonos. La organización general estaba basada en una estructura de delegados de manzana quienes nombraban a los comités de campamento que estaban bajo el control de la Asamblea General. Había una variedad de asociaciones voluntarias, y entre ellas las ligas de mujeres y las ligas de niños eran particularmente fuertes. Se reforzaba la ideología de la solidaridad colectiva. En los domingos rojos —de hecho, todos los domingos de 1976— todo el mundo tenía que hacer trabajo colectivo para el equipamiento urbano común. Había también un alto nivel de actividad política y cultural, bajo la iniciativa de grupos especiales, las brigadas de activistas.

No obstante, a pesar de su extraordinario nivel de organización y conciencia, el movimiento de los posesionarios en Monterrey padeció las desventajas de su aislamiento, geográfico tanto como social y político. Geográficamente, fue el único movimiento urbano de tal tamaño y características en todo el país. Socialmente, la población de los campamentos era casi íntegramente de migrantes campesinos, estructuralmente desempleados y con muy poco contacto con los obreros industriales de Monterrey. Políticamente, el grupo que dominaba al movimiento no tenía ninguna dimensión nacional y sólo existía como un grupo local.

Los líderes del movimiento eran plenamente conscientes de esta situación y del peligro de cerrarse en un nuevo tipo de utopía comunal. Para romper este aislamiento, intentaron lanzar una serie de acciones destinadas a apoyar "causas justas"; por ejemplo, cada vez que un trabajador era despedido injustamente, los colonos ocupaban la casa del administrador hasta que el despedido era reincorporado. Cada represión individual fue enfrentada colectivamente por el movimiento en su conjunto. El movimiento se politizó cada vez más. Pero ese radicalismo político exclusivamente sobre la base del apoyo de los colonos condujo a dos riesgos importantes: a] Creciente represión, principalmente por parte del ejército, y b] Luchas intestinas dentro del movimiento que produjeron una polarización extrema de las diferentes orientaciones que hasta entonces habían coexistido dentro de los colonos.

Nuestra observación se detiene a fines de 1976. Cualquiera que sea el futuro del movimiento, hay dos elementos cruciales que pueden extraerse del análisis de tan extraordinaria experiencia:

☐ El ritmo y el nivel de desarrollo de un movimiento urbano no puede desligarse del nivel general de organización y conciencia en el proceso de conflicto político.

☐ La relación con el Estado no se agota en las alternativas de represión o integración. Usar las contradicciones internas del Estado permite a un movimiento aumentar su autonomía. Monterrey pudo ir más allá que Ixtacalco principalmente a causa del tipo de relación que los posesionarios lograron establecer con el Estado.

Los movimientos urbanos políticos como Monterrey e Ixtacalco sólo son factibles y logran llegar a un punto de estabilidad en una situación en la que las relaciones de poder se han modificado en favor de las clases populares. Pero esa condición de las relaciones de poder no es una evaluación metafísica proporcionada por una autoproclamada vanguardia. Es el resultado de una serie de luchas diarias dentro de las cuales los movimientos urbanos parecen ser crecientemente significativos. En esta perspectiva de lenta pero sistemática modificación del sistema de poder en el largo plazo, parece ser

que en México los más importantes desarrollos
de las luchas urbanas se están produciendo en
un nivel muy local y modesto, en las vecindades y colonias de la ciudad de México. Partien-
do de los temas muy concretos de la vivienda,
el equipamiento y el uso de la tierra, conduci-
dos frecuentemente por militantes políticos no
partidarios, las asociaciones de colonos y vecinos, autónomas con relación al Estado, están
en proceso de construir un movimiento de masas, sentando las bases para iniciativas políticas
más amplias apoyadas por una base popular.

En su desarrollo, esos movimientos tendrán
que sobreponerse a los intentos de represión
y/o manipulación por el Estado. Pero también
tendrán que entendérselas con obstáculos provenientes del interior del movimiento que, según mi observación personal, parecen ser extremadamente peligrosos para la vitalidad del movimiento.

El primer problema que padecen los movimientos urbanos mexicanos es una relación
muy rígida entre las organizaciones políticas y
las organizaciones vecinales, lo cual se debe
fundamentalmente al dogmatismo político.
Pensar las organizaciones populares como co-
rreas de transmisión de la doctrina partidaria
es una visión muy estrecha del liderazgo político que en el pasado ha conducido al fracaso
de algunas experiencias revolucionarias. Usar
ese concepto en organizaciones populares muy
pequeñas y con un puñado de militantes polí-

ticos es aún peor: provoca la fragmentación ili-
mitada de los nuevos movimientos urbanos a lo
largo de líneas que la mayoría de sus partici-
pantes ignoran.

Por el otro lado, como una reacción en contra de la manipulación política, muchos movimientos en México han adoptado una postura
populista, negándose a considerar cualesquiera
implicaciones políticas, aunque la inexorable
presencia del Estado en todos los problemas urbanos necesariamente obliga a los colonos y residentes a tratar con la política.

Finalmente, un defecto muy serio de los movimientos observados es su localismo, que re-
produce en alguna medida la tradición de la
organización territorial y el caciquismo. Y es
obvio que los movimientos necesitan tratar con
temas globales de política urbana con objeto de
defender sus intereses, así como para unirse a
más amplias alianzas políticas y sociales para
cambiar el marco institucional en el que debe-
rían implementarse las nuevas políticas.

La capacidad de los movimientos urbanos
para comenzar a partir de una reivindicación
local, elevar su nivel hasta un tema político y
lograr apoyo político suficiente como para ganar, parece ser la línea más fructífera de desarrollo en la larga marcha iniciada en los asentamientos populares de las ciudades mexicanas.

6. CONCLUSIÓN: DEL PODER SIN FRONTERAS AL ESPACIO COMUNITARIO

La evidencia que proporcionan los estudios de caso sobre América Latina, así como investigaciones en otras áreas culturales, sugieren que en la mayoría de las naciones en desarrollo los asentamientos populares urbanos se han convertido en un tema político candente.

La razón fundamental de ese proceso es que el suministro de vivienda y servicios urbanos por parte del Estado a una gran proporción de población urbana es uno de los principales canales de participación política y organización comunitaria en el nuevo sistema institucional que emerge de un renacer de los estados nacionales que luchan por el control de la sociedad, en un contexto determinado por la economía internacional y en un mundo dominado por la feroz competencia entre las superpotencias.

La especificidad del proceso de urbanización en el Tercer Mundo está creando un desfase importante en la relación entre las condiciones espaciales de vida, los intereses económicos dominantes y la experiencia de la gente. Para las corporaciones multinacionales, el espacio y la distancia han sido disueltos mediante la tecnología de las comunicaciones, la movilidad del

capital y la permeabilidad de la mayoría de las
fronteras políticas con respecto a la toma de
decisiones. *La élite dominante del mundo no
tiene un lugar fijo en el espacio.* Para la gente
desarraigada por un crecimiento económico desigual y arrojada a un proceso no controlado
de urbanización como consecuencia de una nueva industrialización periférica y una integración económica en el sistema mundial, la bús-
queda de un nuevo espacio cotidiano es un elemento importantísimo en su intento de preservar la identidad cultural, mejorar sus condiciones de vida y asegurar la autodeterminación
política. *La creciente población urbana del
Tercer Mundo se orienta claramente hacia la
construcción y preservación de comunidades
locales espacialmente definidas.*

Mientras tanto, los Estados nacionales de la
mayoría de los países en desarrollo sufren ten-
siones crecientes por las presiones contradicto-
rias que provienen de las oligarquías tradicionales y de los nuevos poderes económicos internacionales, en un momento en el que las
masas populares se desplazan de las demandas
por la sobrevivencia hacia aspiraciones políticas que exigen una mayor participación en el
proceso de toma de decisiones. La mayoría de
los Estados tratan de adaptarse a la situación
modernizando la economía y liberalizando las
instituciones, utilizando el apoyo de una movilización popular subordinada, dirigida a supe-
rar la resistencia de los grupos tradicionales y

a modificar las actuales estructuras de dependencia económica *dentro del sistema capitalista mundial.* Los colonos urbanos se presentan como un grupo social clave, potencialmente capaz de ser movilizado por las nuevas instituciones estatales modernizadoras. Pero la respuesta de las comunidades de colonos a esa estrategia varía de acuerdo con el patrón general de conflicto social en cada sociedad particular, tal como lo han mostrado los estudios empíricos.

En algunas ocasiones los colonos intercambian un apoyo político pasivo por el derecho a existir en la ciudad. En otras circunstancias llegan a ser plenamente movilizados por las políticas del Estado y luego transforman su decepción en un radicalismo político que apoya esquemas alternativos de poder. Rara vez, establecen su propia autonomía política frente al Estado o los partidos políticos. Pero cuánto más los intereses económicos no localizados perturban la estructura sociocultural de las sociedades en desarrollo, más intentan los inmigrantes recién urbanizados formar comunidades locales autosostenidas que sean capaces de negociar su apoyo a un espectro de liderazgo poltico cada vez más reducido. Lo que los estudios aquí presentados muestran es la incapacidad del Estado para integrar plenamente a los colonos sin introducir importantes reformas sociales, así como el punto muerto al que llegan los movimientos sociales urbanos cuando se involucran enteramente bajo un liderazgo político doctrinalmente partidario. Lo que el análisis sugiere es que, dada la aceleración del proceso de urbanización, de pérdida de legitimidad política y de desarticulación económica, los colonos tienden a construir sus propias organizaciones populares y autónomas, desconfiando cada vez más de la mayoría de los esquemas políticos tradicionales. De una tal situación pueden surgir, potencialmente, procesos muy diversos, en una gama que va desde el clientelismo instrumental hasta los levantamientos populares mesiánicos. Sólo un sistema político democrático y descentralizado, capaz de promover la participación popular y deseoso de hacerlo, puede evitar la explosión urbana en los asentamientos populares de las ciudades del Tercer Mundo. Sólo un desarrollo autónomo de los movimientos sociales urbanos puede transformar dicha apertura política democrática en un proceso de cambio social.

APÉNDICE METODOLÓGICO

El análisis aquí presentado se basa en una serie de estudios de trabajo de campo en los asentamientos populares en América Latina, cuyas características y circunstancias reseñamos a continuación:

1. Sobre *Chile,* la mayoría de la información fue recogida por un equipo de investigación dirigido por mí durante mi período como director del Equipo de Estudios Poblacionales en el Centro de Estudios Urbanos (CIDU), Universidad Católica de Chile, Santiago, desde 1970 hasta 1973. Nuestro estudio principal consistió en una observación en profundidad de una muestra de 25 campamentos en Santiago en 1971. También se realizaron otros estudios relacionados sobre conventillos y poblaciones bajo mi supervisión, al igual que sobre una variedad de organizaciones populares urbanas. Algunos de los estudios fueron hechos por los investigadores del CIDU y otros por mis estudiantes de doctorado de la École des Hautes Études en Sciences Sociales (París) que trabajaban en Chile. No hay un solo informe de investigación que pueda reunir todo el volumen de material que se recolectó y del análisis que se hizo sobre el tema. El producto más elaborado es una serie de tesis de doctorado interrelacionadas en la Universidad de París, en la cual cada investigador individual diseñó su propio trabajo. Tal vez la tesis doctoral de Jaime Rojas es el informe más completo sobre el movimiento social urbano que se generó en los asentamientos precarios chilenos. Ninguna de esas tesis ha sido publicada. El lector interesado debe dirigirse a la biblioteca de la Sorbona, en donde hay copias de cada tesis. Las tesis son las siguientes: Jaime Rojas, *La participation*

urbaine dans les societés dependantes: L'experience du mouvemente des pobladores au Chili, tesis de doctorado, Universidad de París, 1978, 400 pp. Christine Meunier, *Revendications urbaines, strategie politique et transformation ideologique: le campamento "Nueva Habana", Santiago, 1970-1973*, tesis de doctorado, Universidad de París, 1976. François Pingeot, *Populisme urbain et crise du Centre-Ville dans les societés dependantes: Santiago-du-Chili, 1969-1973*, tesis de doctorado, Universidad de París, 1979. Franz Vanderschueren, *L' experience des tribunaux populaires de quartier au Chili*, tesis de doctorado, Universidad de París, 1979.

Otras publicaciones relacionadas son: Equipo de Estudios Poblacionales del CIDU, "Reivindicación urbana y lucha política: los campamentos de pobladores en Santiago de Chile", en M. Castells (comp.), *Imperialismo y urbanización en América Latina*, G. Gilli, Barcelona, 1973. Luis Alvarado y Rosemond Cheetham, "Movilización social en torno al problema de la vivienda", *Revista Latinoamericana de Estudios Urbanos y Regionales*, núm. 7, abril de 1973. Rosemond Cheetham, Alfredo Rodríguez y Jaime Rojas, "Comandos urbanos: alternativa de poder socialista", *Revista Interamericana de Planificación*, vol. VIII, núm. 3, julio de 1974. Manuel Castells, *La lucha de clases en Chile*, Buenos Aires, Siglo XXI, 1975. (Véase especialmente el capítulo III.) Ernesto Pastrana y Monica Threl Fall, *Pan, techo y poder*, Buenos Aires, SIAP, 1974.

2. Sobre *México*, me basé en varios elementos conectados:

a] Una observación personal de la situación durante un período de trabajo de campo en las vecindades y colonias de la ciudad de México y de Monterrey durante agosto y septiembre de 1976.

b] Para Monterrey, en una tesis doctoral realizada bajo mi supervisión en la Universidad de París: Diana Villarreal, *Marginalité urbaine et politique de l'État au Mexique: enquete sur les zones residentielles illegales de la ville de Monterrey*, tesis de doctorado, Universidad de París, École des Hautes Études en Sciences Sociales, 1979, 350 pp.

c] Una serie de estudios sobre las crisis de vivienda en México, con particular énfasis en el sector popular. Trabajé personalmente con los miembros de los diferentes equipos, además de usar la muy buena información que proporcionaban sus informes de investigación. Las principales fuentes escritas de información sobre esos estudios son: Priscilla Connolly, Enrique Ortiz y Gustavo Romero, *La producción de la vivienda en México*, México, D. F., COPEVI, 1976, mimeo., 600 pp. Gustavo Garza y Martha Schteingart, *El problema de la vivienda en México*, El Colegio de México, 1977. EQUI SUR, *Significación social de la Política de la vivienda en México*, Universidad Autónoma Metropolitana, Azcapotzalco, 1976. mimeo., 620 pp.

3. Para *Perú*, además de algunas cortas visitas personales en 1971 y 1972, me basé fundamentalmente en un extraordinario estudio de campo realizado por un antiguo estudiante mío, Etienne Henry, actualmente profesor en la Universidad Católica de Lima. Él concluyó primero su tesis en París y luego regresó a Lima, en donde produjo un reporte actualizado sobre las barriadas y movimientos sociales urbanos en el Perú. Las fuentes escritas son: Etienne Henry, *Urbanisation dependante et mouvements sociaux urbaines: analyse comparative des experiences de Lima et Santiago du Chili*, tesis de doctorado, Universidad de París, 1974, 4 vols., 1 300 pp. Etienne Henry, *La escena urbana*, Pontificia Universidad Católica del Perú, 1978. También utilicé los datos de David Collier, *Squatters and oligarchs*, The John Hopkins University Press, 1976.

Para los datos generales sobre la urbanización peruana, me basé en otra tesis doctoral de mi alumna Jacqueline Weisslitz, *Developpement, dependance et structure urbaines: analyse comparative de villes peruviennes*, Universidad de París, 1978.

4. Sobre *Argentina* mi información es mucho más limitada pues los contactos personales y la obtención de

información se redujeron a cortas visitas en 1968, 1970 y 1971. No obstante, trabajé sobre la base de un excelente informe de investigación sobre los asentamientos precarios en Buenos Aires, que me fue proporcionado directamente por la autora, Alicia Ziccardi, y que no está publicado. El informe de investigación es: *Políticas de vivienda y movimientos urbanos: el caso de Buenos Aires, 1963-1973*, CEUR, Instituto Torcuato di Tella, Buenos Aires, mimeo., 260 pp.

5. Sobre *Caracas*, me basé fundamentalmente en datos no publicados provenientes de una investigación reciente a cargo de los profesores Magaly Sánchez y Ricardo Infante del Instituto de Urbanismo, Universidad Central de Venezuela, realizada con mi colaboración, sobre una muestra de residentes en vecindades y ranchos de Caracas (1978-1980). El informe de investigación es: Magaly Sánchez y Ricardo Infante, *Reproducción de la fuerza de trabajo en la estructura urbana. La condición de la clase trabajadora en zonas segregadas de Caracas*, Caracas, Instituto de Urbanismo, Universidad Central de Venezuela, 1980, 4 vols. Una elaboración más en profundidad de los resultados de esta investigación puede consultarse en la tesis de doctorado en sociología de Magaly Sánchez, *La segregation urbaine a Caracas*, Universidad de París, 1980.

Completé la información sobre Caracas con datos extraídos de la tesis doctoral de Esther Marcano, *Autoroutes et bidonvilles*, Instituto de Urbanismo, Universidad de París, 1979.

impreso en juan pablos, s.a.
mexicali 39 - col. condesa
del. cuauhtémoc - 06140
un mil ejemplares y sobrantes
8 de mayo de 1987

www.ingramcontent.com/pod-product-compliance
Lightning Source LLC
Chambersburg PA
CBHW022115280326
41933CB00007B/403